だいじをギュッと！
ケアマネ
実践力シリーズ

医療知識
押さえておきたい疾患と薬

苛原 実・利根川恵子

中央法規

INTRODUCTION

はじめに

　私が診療所を開業して在宅医療を始めてから、24年が経過しました。当初は介護保険制度もなく、在宅医療に対する理解も希薄で、訪問診療を行う医師もほとんどいませんでした。2000年に介護保険がスタートして、在宅医療・ケアが注目されるようになり、在宅医療の認知度も上がりました。現在は、地域包括ケアシステムの要素の一つとして、国が在宅医療を積極的に推進しています。

　地域で暮らす療養者の生活の質も、この24年間でだいぶ向上してきました。医療・介護サービスが充実しただけでなく、ケアマネジャーという新しい資格ができてからは、その力もあり多職種連携のあり方も改善しています。

　しかし、残念ながらケアマネジャーの方々の資質はさまざまであり、基礎資格が福祉系の方では、医療知識不足を感じることも少なくありません。よいケアプランを作るためには、利用者の状態をきちんと把握することが大切であり、疾患をはじめとする医療知識は必須です。本書は、筆者が2013年に刊行した『ケアマネ必携！　医療知識ハンドブック』をベースとしながらも、新たなコンセプトで書き進めました。また、薬の知識の部分では、薬剤師でもある医療介護ジャーナリストの利根川恵子氏の協力も得ました。さらに、一緒に働いている二人の現場のケアマネジャーにも意見をもらい、在宅の現場で使える医療知識としてまとめています。

　さらに多職種連携を進めていくために、本書の知識を活かしていただき、今後益々ケアマネジャーのみなさまが活躍してくださることを祈っております。

2019.2　苛原 実

CONTENTS

はじめに i

第1章
高齢者の身体と特徴

01 日本の現状について	002
02 高齢者の身体的特徴	006
03 身体の基礎知識	010
04 高齢者の心理	020

第2章
高齢者によくみられる疾患

01 高血圧症	024
02 虚血性心疾患（狭心症・心筋梗塞）	028
03 慢性閉塞性肺疾患（COPD）	034
04 誤嚥性肺炎	040
05 喘息	046
06 インフルエンザ	050
07 結核	054
08 胃・十二指腸潰瘍	058
09 胆石症・胆嚢炎	062
10 肝炎・肝硬変	066
11 糖尿病	072
12 痛風	078
13 脂質異常症	082
14 ノロウイルス感染症	086
15 脳血管障害	090
16 慢性硬膜下血腫	096

17	パーキンソン病	100
18	筋萎縮性側索硬化症（ALS）	106
19	認知症	110
20	高齢者のうつ病	116
21	変形性膝関節症	120
22	関節リウマチ	124
23	骨粗鬆症	128
24	腰部脊柱管狭窄症	134
25	腎不全	138
26	疥癬	144
27	末期がんの疼痛コントロール	148

第3章
こんな症状がみられたら

01	発熱	154
02	脱水	156
03	食欲不振	158
04	便秘	160
05	嘔吐	162
06	不眠（睡眠障害）	164
07	むくみ（足のむくみ）	166
08	意識障害	168

第4章
高齢者がよく飲む薬と副作用

01	薬と観察のポイント	172
02	降圧薬－高血圧の薬	174

03	血栓を予防する薬－脳梗塞、心筋梗塞など	178
04	呼吸器系の病気の薬	180
05	消化性潰瘍（胃・十二指腸潰瘍）の薬	184
06	下剤	186
07	糖尿病治療薬	188
08	脂質異常症治療薬	192
09	認知症の薬	194
10	抗うつ薬	196
11	抗不安薬・睡眠薬	198

著者紹介

タスにゃん
人を助（タス）けることに喜びを感じ
ネコ一倍仕事（タスク）に燃えるケアマネ5年目のネコちゃん。
肩にかけているタスキは使命感の象徴。
ツナ缶（マグロ）とレタスが大好物。

高齢者の
身体と特徴

1

CONTENTS

01 日本の現状について
02 高齢者の身体的特徴
03 身体の基礎知識
04 高齢者の心理

01 日本の現状について

> **POINT**
> 超高齢化社会を迎えたわが国では、
> 必要な医療・福祉のあり方が変化しています。
> 社会情勢の変化は、医療・福祉に
> かかわる人にも影響を与えます。

増えてきた死亡者数（図表1-1）

　少子高齢社会となったわが国では、人口は減少していながらも高齢者数は増加し、死亡者数も増加しています。1950年代から80年代にかけて、死亡者数は年間70万人程度でしたが、高齢者人口の増加とともに死亡者数も増加し、2017年には年間約134万人の方が亡くなっています。死亡者数は今後2040年ごろまで増加して、ピーク時には約166万人が亡くなると予想されています。

　死亡者数が増加することも社会に大きな影響を与えますが、死亡者の大半が75歳以上の高齢者であることも、国民の医療、特に延命処置に対する考え方に影響を与えています。すなわち、末期のがんなどの不治の病に侵された際に、延命処置ではなく、緩和ケアを希望する人が増えているのです。

死亡場所の変化（図表1-2）

　第二次世界大戦直後、日本人の8割以上は自宅で亡くなっていましたが、1976年以降は医療機関での死亡者数が自宅死亡者数を上回り、現在では8割近くの人が医療機関で亡くなっています。しかし、在宅医療・ケアの推進により、この10年で医療機関での死亡者の割合は減少し、施設での死亡者の割合が伸びて、自宅での死亡者の割合は横ばいです。さらに、自宅での死亡者の中には誰にも看取ら

01 日本の現状について

1 高齢者の身体と特徴

図表1-1 年齢階級別にみた死亡数の推移

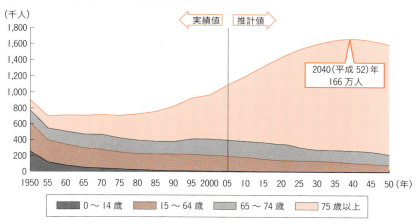

（注1）2005年までは「（年齢）不詳」を除く。日本における日本人の数値。
（注2）2010年以降は中位推計の場合の死亡数（推計）である。日本における外国人を含む。
資料：2005年までは厚生労働省大臣官房統計情報部「人口動態統計」、2010年以降は国立社会保障・人口問題研究所「日本の将来推計人口（平成18年12月推計）中位推計」より厚生労働省政策統括官付政策評価官室作成。

図表1-2 死亡場所別死亡数の推移(%)、2005～2015年

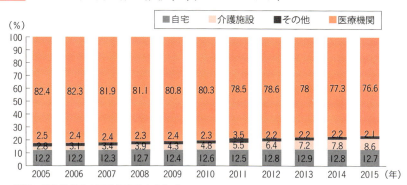

資料：厚生労働省人口動態統計より作成

れずに亡くなる孤独死も含まれているため、純粋な自宅死亡者数はそれほど伸びていないのが現実です。これは核家族化が進み、自宅での介護力がなくなってきていることによると考えられます。

家族の崩壊（図表1-3）

　世帯数の推移をみると、2005年より独居世帯が夫婦と子ども世帯を抜いてトップになり、さらに増加をしています。反対に夫婦と子ども世帯は減少を続け、2035年には独居世帯は37.2％、夫婦と子ども世帯は23.2％になると予想されています。

　結婚せず生涯独身の人が増えています。2030年での生涯未婚予測は男性29.5％、女性22.6％となっています。さらに離婚率も増え、2002年の段階で「3組に1組」が離婚しています。また、2016年の出生率は1.44％（両親2人から1.44人の子ども）でしかなく、少子化に拍車をかけています。このような社会状況の中、今後自宅での介護力不足は進行していくことが確実視されています。

医療に求められる役割の変化（図表1-4）

　人口構造の変化は社会構造や医療のあり方に変化をもたらしています。以前は急性期医療の需要が大きかったのが、高齢人口の増加に伴い死亡者数が増え、終末期医療の需要が増大しています。さらに、長生きさせる延命治療ではなく、豊かな時間を過ごせる緩和医療が求められています。また、急性期治療後に慢性の疾患を抱えながら地域で生活する人も増え、かかりつけ医の役割が増しています。

図表1-3　世帯数の推移

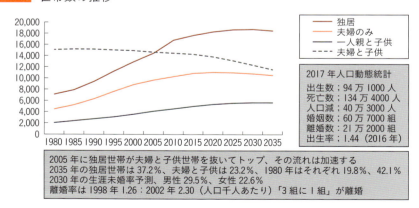

2005年に独居世帯が夫婦と子供世帯を抜いてトップ、その流れは加速する
2035年の独居世帯は37.2％、夫婦と子供は23.2％、1980年はそれぞれ19.8％、42.1％
2030年の生涯未婚率予測、男性29.5％、女性22.6％
離婚率は1998年1.26：2002年2.30（人口千人あたり）「3組に1組」が離婚

出典：国立社会保障・人口問題研究所資料

01 日本の現状について

図表1-4 医療に求められる役割の変化

従来の医療	これから求められる医療
・急性期（救命）医療 ・長寿（Anti-aging） ・Cure ・病院完結 ・専門医（疾病・臓器） ・病気の原因を除く（根治療法） ・Dataの改善	・終末期（看取り）医療 ・天寿（With-aging） ・Care ・地域完結 ・かかりつけ医（人生） ・症状を楽にする（緩和ケア） ・QOLの向上

ケアマネが医療知識を学ぶ意義

　介護が必要になる原因のほとんどに何らかの疾患が関与しています。それは、脳卒中であったり、心筋梗塞であったり、骨粗鬆症を原因とする脊椎圧迫骨折であったりします。これらの病気になると、重度であればまずは医療機関での入院治療が行われ、症状が落ち着けば、障害を抱えながら地域で生活をすることになるでしょう。その際に大切なことは、利用者の生活の質（QOL）の向上を目的とすべきことです。そのためには、医療・介護連携が重要であり、ケアマネジャーは医療知識を学ぶことが求められています。医療知識をもつことで、その人にどんな支援が必要で、何に注意をすればよいのかを理解し、多職種連携をスムーズに進めることができ、その結果、目的を達成できるからです。

- 病院での死亡者数が減少している一方で、施設での死亡者数が多くなっています。
- 慢性疾患を抱えながら地域で生活している人の増加に伴って、かかりつけ医の役割が増加しています。
- 地域で生活している利用者を支えるためには、医療と介護の連携が必須です。

02 高齢者の身体的特徴

POINT
加齢に伴い身体は変化していきます。
高齢者の身体の変化を知っておくことは、
介護者にとって大切なことです。

　年齢を重ねることで、人の外見は変化してきます。顔のしわは増え、頭髪は薄くなり、身長も徐々に低くなり、円背が強くなります。身体の各器官の生理機能が低下してきて、複数の病気を抱えることが多くなり、さらに免疫機能が落ちてくるため、肺炎などの病気にかかりやすくなり、治りにくくなります。また、壮年者と異なり、病気になっても典型的な症状が出ないことが多いでしょう。視力や聴力が落ちてくるだけでなく、筋力低下に伴い運動能力も低下して、転倒事故などが増えてきます。しかし、身体能力の低下には、個人差が大きく、年齢だけで身体機能が低下していると判断することはできません。

防御機能の低下

　高齢化に伴い免疫機能は低下して、感染症に対する防御機能も低下してきます。特に感染防御機能がある末梢血液中のリンパ球数が年齢とともに減少してきます。これは、リンパ球を作る胸腺が退縮してくることが主な原因とされています。そのため容易に肺炎や尿路感染などの感染症を起こしやすくなります。嚥下機能も低下してくるために、誤嚥も起こしやすくなり、誤嚥性肺炎なども発症頻度が高くなり、治りにくくなります。さらに、免疫機能が低下するので、自己免疫疾患や悪性腫瘍も起こしやすくなるのです。

恒常性維持機能の低下

人の身体には内部環境の変化や外部環境の変化に対応するため、免疫、内分泌、自律神経系が力を合わせて体温などを一定に保つ機能があります。高齢になるとこの恒常性維持機能が低下して、環境の変化に対応する適応力が低下します。それだけでなく、運動や疾病などのストレスからの回復も遅れます。たとえば暑い環境でも暑さに身体が反応をせず汗をあまりかかないため、高体温となりやすく、熱中症で亡くなる人が高齢者に多いのはこのせいです。逆に寒冷環境でも、寒さで震えることも遅れてしまうため、低体温になりやすくなります。すなわち、高齢になると環境への適応力が低下してくるだけでなく、疾病からの回復力も低下し、そのため、複数の疾患を合併していることが多くなるのです。

また、肺炎になっても熱が出ないなど、症状が明確に出ないことも高齢者の特徴です。末期がん由来の痛みなども、若い人ほど強く感じない傾向にあり、麻薬の使用率は高齢になればなるほど低下する傾向にあります。

予備能力の低下

生理機能の低下は、負担がかからない通常の状態では若い人との差はほとんどありませんが、何らかの負担がかかると、それに対する抵抗性がなくなってきます。

図表1-5　生命恒常性維持機能

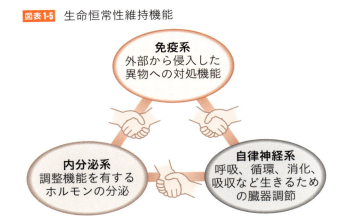

たとえば心臓の心拍数では安静時は若い人とほぼ同じですが、運動などの負担がかかると心拍数は増加しても、心臓から出る血液量は増加しないために運動能力が低下するだけでなく、少しのきっかけで心不全を起こしてしまいます。

加齢に伴う体組織変化

　人の身体の約6割は水分でできていますが、年齢とともに水分量が減少していきます。水分は血液やリンパ液などの細胞外液と細胞内液に分けられ、加齢により細胞数は減少するので細胞内液が減少して水分量が少なくなります。体内の水分が失われて、血液などの細胞外液が減少すると、細胞内液から移動して補充しようとしますが、高齢者では細胞内液が減少しているため、補充がうまくいかず若年者に比較して脱水が起こりやすいのです。

　以上のように、高齢になることでさまざまな身体の機能は低下して、病気や外傷を起こしやすくなります。心理状態もこれらの身体状態と関連をしており、高齢者を支えるためにはこれらのことを念頭に入れていく必要があります。

図表1-6　身体の水分量

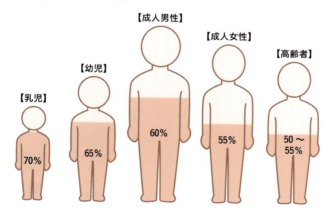

・加齢に伴い感染を防ぐ免疫機能が衰えるため、感染しやすくなります。
・内・外環境への適応力が衰え、感染しても熱が出にくく熱中症・低体温になりやすい状態になります。

フレイル・サルコペニア　COLUMN

フレイルとは

フレイルは、「加齢とともに運動機能や認知機能などが低下し、複数の慢性疾患の併存などの影響もあり、生活機能が障害され、心身の脆弱性が出現した状態だが、一方で適切な介入・支援により、生活機能の維持向上が可能な状態像」と定義されています。フレイルとは、健康な高齢者と、要介護高齢者の中間の状態ということができます。高齢者の体力の衰えに早く気づき、正しく介入（治療や予防）することが大切です。

サルコペニアとは

サルコペニアは、「加齢に伴い骨格筋が萎縮し、筋力低下または身体機能が低下した状態」と定義されています。サルコペニアはふらつきや転倒を引き起こし、要介護状態に移行する原因となり、フレイルに含まれます。適切な食事と運動を確保することで、サルコペニアの状況から脱することが必要です。

03 身体の基礎知識

POINT
介護者と医療者が連携して利用者を支えるためには、良好なコミュニケーションが必要です。

骨格、筋肉

❶骨

骨の種類：人体は約200個の骨から成り立っています。骨の種類は大きく以下の4種類に分かれ、骨格を形成しています。
　①扁平骨：頭蓋骨、肩甲骨など薄い板状の骨
　②長管骨：大腿骨、上腕骨など長い棒状の骨
　③短骨：手根骨、足根骨など短小な骨
　④不規則形骨：椎骨、下顎骨など形状が不規則な骨

骨の役割：骨には以下の4つの役割があります。
　①骨格により身体を支えて、姿勢を保つ
　②内臓を保護し、脳を頭蓋骨によって守る
　③カルシウムやリンを貯蔵し、体内からカルシウムが不足すると、副甲状腺の働きで血液中にカルシウムやリンを放出する
　④骨の中にある骨髄で、赤血球や白血球を作る

❷筋肉

筋肉の種類：筋肉は以下の3種類に分けられます。
　①骨格筋：骨格についている筋肉で、身体を動かす役割

03 身体の基礎知識

1 高齢者の身体と特徴

図表1-7 骨の種類

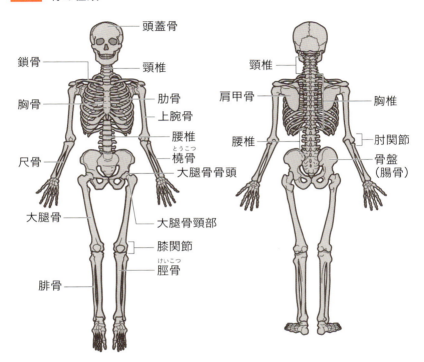

②平滑筋（へいかつきん）：消化管や血管や気道にある筋肉
③心筋：心臓を形成する筋肉
筋肉の役割：筋肉には大きく分けて以下の4つの役割があります。
　①身体を動かす役割がある。筋肉を収縮・弛緩（しかん）することで関節を動かすことができる
　②身体の姿勢を保持し、関節を守る
　③筋肉を収縮させることで熱を発生させて、温度調節を行う
　④内臓や骨、血管を保護し、衝撃も吸収している

図表1-8 全身の筋肉

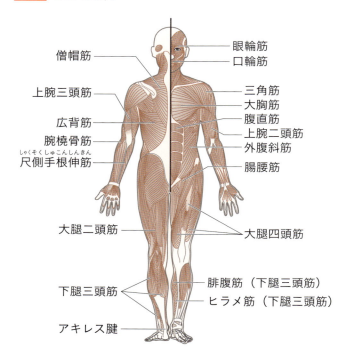

消化器

❶食道

　消化管であり、口から胃へと食物や液体を運びます。2層の筋肉で構成されていて、自律神経の働きで、無意識に収縮運動が起こり、食道から胃に食物などを送り出す働きがあります。

❷胃

　食道から運ばれてきた食物を一時的に貯蔵して、消化する作用をもっています。胃液は酸性で、食物に含まれる細菌を殺菌します。また、アルコールやたんぱくを吸収する作用ももっています。

図表1-9 消化器

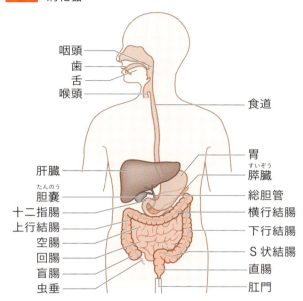

❸小腸

　身体の中で一番長い臓器です。胃で消化されなかった食物は、十二指腸から分泌される消化液や消化酵素により、小腸内を通る過程で栄養として吸収されます。この際、小腸内の免疫システムが働いて、身体によい物を吸収します。

❹大腸

　大腸は盲腸・結腸・直腸の3部分からなり、小腸から運ばれてきたドロドロの消化物の水分を吸収して固形化し、大便を作り、直腸から肛門を通って体外に排泄します。

❺肝臓

　体内維持に多くの作用をもつ臓器です。代謝、排泄、解毒、体液の恒常性の維持などの役割をもっています。さらに、十二指腸に胆汁を分泌して消化する役割ももっています。

❻胆囊（たんのう）

　胆囊は肝臓と十二指腸をつなぐ胆管の途中にある袋状の臓器です。胆囊では、肝臓で作られた胆汁を濃縮して貯蔵します。胆汁は脂肪の消化吸収を助ける役割があります。

❼膵臓（すいぞう）

　膵臓は各種の消化酵素を含んだ膵液を作り、食べたものを消化する働きをもっています。さらに、膵臓で作られるインスリンは血糖を下げる重要なホルモンであり、血糖値を正常に保つ働きをもっています。

循環器 (図表1-10)

❶心臓

　心臓は全身に血液を送り出すポンプの役割をしています。右心房、右心室、左心房、左心室という4つの部屋に分かれています。心臓の壁は心筋という筋肉組織からできており、この心筋の働きによって、全身に血液を送り出します。左心室から全身をめぐり右心房に還流する体循環と、右心室から肺を経て左心房に還流する肺循環の2つの循環からなっています。

❷脾臓（ひぞう）

　循環器系に組み込まれる臓器です。リンパ球の産生だけでなく古い赤血球を破壊し、鉄の再利用を図っています。手術などで脾臓を摘出しても、機能の代替があり、死に至ることはありません。

❸血管

　血管は血液を身体の各部分に送る管です。動脈、静脈、毛細血管からなっています。動脈は血液を心臓から送り出す管で、血管壁が厚く、伸縮性と弾性に富んでいます。静脈は血液を心臓に送り返す管で、動脈と静脈の移行部に毛細血管があります。

図表1-10 循環器

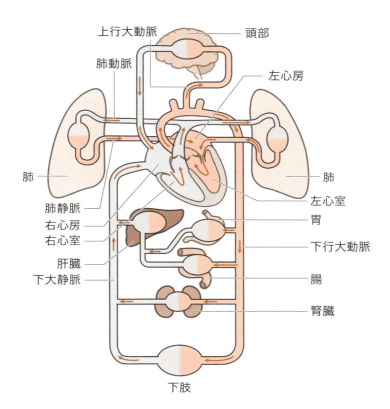

泌尿器（図表1-11）

❶腎臓

　腎臓の主な役割は、血液中の老廃物や塩分をろ過して、尿として体外に排泄することです。また、身体の維持にかかわる各種ホルモンを分泌します。エリスロポエチンは赤血球の産生に強い役割をもっており、さらに、過剰なナトリウムを排泄して血圧を調整する機能もあわせもっています。

図表1-11 泌尿器

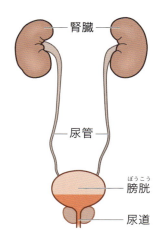

❷尿管

腎臓で作られた尿を膀胱に運ぶ管のことで、左右に1本ずつあります。

❸膀胱

尿管から送られてきた尿を一時的に貯めておく袋状の臓器で、容量は平均500 mL程度ですが、個人差が大きく5分の4程度たまると大脳に刺激がいき、尿意を感じます。排尿は腹圧を加えることにより、意識的に行うことができます。

呼吸器（図表1-12）

❶気管支

肺に空気を送る管です。気管は咽頭に続いて始まり、第4〜6胸椎の高さで左右に分かれて気管支となります。さらに細気管支に分かれて肺胞に連なっています。

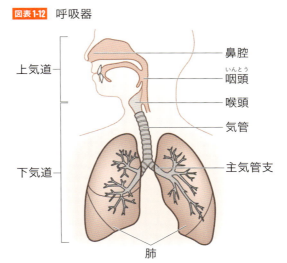

図表1-12 呼吸器

❷肺

　肺は左右2つの袋からなり、呼吸と血液循環という2つの役割をもっています。気管支の先にある肺胞で酸素と二酸化炭素の交換が行われ、取り込んだ酸素を含んだ血液を心臓とともに全身に運びます。

神経（図表1-13）

❶脳

　脳は頭蓋骨に守られており、髄膜や髄液にも保護されています。大脳、脳幹、小脳から構成されており、それぞれ役割をもっています。大脳は脳の大部分を占めており、中央に縦に深い溝が走り、左右2つに分かれています。大脳の表面は、大脳皮質という神経細胞の集まった部分があり、ここで運動や感覚機能、知的活動や感情など人間らしさを示す役割を担っています。脳幹は呼吸や循環など基本的な生命活動をコントロールする重要な部分です。小脳は運動系の統合を担っており、運動の強さやバランスを調整しています。小脳が障害されると立つことや歩くことができなくなります。

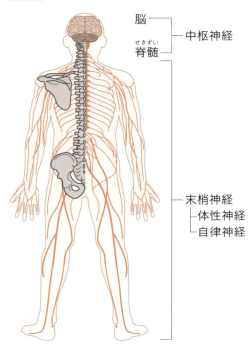

図表1-13 神経の構造

❷脊髄

　脊髄は、脳幹の一部である延髄から下方に向かって細く伸びた脳の突起といえる部分で、脊椎に囲まれて保護されています。脳からの情報を骨格筋に伝え、骨格筋からの情報を脳へ伝える機能をもっています。また、大脳皮質から出る指令の下行路には錐体路と錐体外路があり、錐体路は骨格筋の運動を随意的に支配し、錐体外路は筋の緊張や強調運動を無意識に行っています。

❸末梢神経

　脳や脊髄の中枢神経から四肢、皮膚、内臓、目、耳など全身に広がっている神経の総称です。脳からの指令を四肢に伝えたり、目や耳、皮膚からの情報を脳に伝えたりする働きをしています。

内分泌器官

　内分泌器官はホルモンを分泌する器官で、図表 1-14 のようにさまざまな器官があり、分泌されるホルモンの働きもさまざまです。以下に、主な内分泌器官から分泌されるホルモンを紹介します。

　視床下部からは、他からのホルモンの放出を指示するためのホルモンが、下垂体からは、性腺刺激ホルモン放出ホルモンや精子形成や卵胞発育にかかわるホルモンなどが分泌されます。甲状腺からは、基礎代謝をコントロールするホルモンが分泌されます。副甲状腺からは、血中のカルシウム濃度を一定に保つホルモンが分泌されます。膵臓(ランゲルハンス島)からは、血糖を下げるインスリンが分泌されます。

図表1-14 内分泌器官

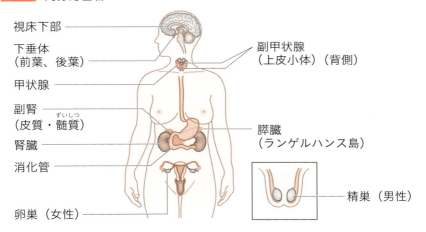

- 身体は、骨格・筋肉、消化器、循環器、泌尿器、呼吸器、神経、内分泌など、その働きによって分類されています。
- それぞれの器官の主な働きは理解しておきましょう。

04 高齢者の心理

POINT
さまざまな「喪失体験」が高齢者の心理におよぼす影響について、押さえておきましょう。

複数の喪失体験

　人は年齢を重ねるにつれて多くのものを失っていきます。身体能力であったり、仕事や経済力であったり、友人や家族との永遠の別れもあります。特に親しい人を失うことの喪失感は大きく、子どもに先立たれてうつ状態となる高齢者も多くいます。この「喪失体験」が高齢者の心理に大きな影響を与えます。これは、健康状態と一緒で、個人差が大きく、70歳代でうつ状態の人もいれば、80歳代で元気に働いている人もいます。年齢だけで割り切れないのも健康状態と同じです。また、このような喪失の渦中にある時に、安易な慰めの言葉は逆効果で、寄り添って、傾聴に努めることが肝要です。

　社会とのかかわりも高齢者の心理や身体に大きな影響を与えます。高齢でも仕事を続けている人、あるいは家庭や地域社会で大切な役割をもっている人は健康状態もよく、精神的にも安定している場合が多いです。利用者の健康状態だけでなく、心理状態も考えて援助を進めていきましょう。

感覚器の老化が心理におよぼす影響

　高齢になるにつれて、視力・聴力は低下してきます。それだけでなく、味覚や触覚なども低下してくるため、情報の把握が不正確になります。聴力が悪いために受け答えに不自由があり、認知症と間違われたり、意思疎通をはかる時に、自分が聞

図表1-15 高齢者の主な喪失体験

- 《健康の喪失》
  - 身体の衰え
  - 記憶力の低下
  - 病気や外傷
- 《役割の喪失》
  - 社会的地位
  - 親としての役割
- 《つながりの喪失》
  - 友人や家族との死別
  - 子どもの自立
  - 退職　など
- 《経済力の喪失》
  - 退職
  - 転職による収入減

こえにくいことをはっきり伝えずに、聞き返すのをためらって「わかったふりをする」高齢者も少なくないので注意が必要です。また、視力や聴力の低下のために外出をためらい、引きこもりがちになる高齢者もいるでしょう。高齢の利用者と話をする時は、ゆっくりと大きな声で話すなど、視力や聴力に配慮する必要があります。

記憶力の変化

　認知症でなくても、加齢に伴い記銘力や短期記憶の障害が起こってきます。特に人名を忘れやすくなることが多く、日常用語などは問題ないことが多いです。手続き記憶は認知症と同様でよく保たれており、過去の経験を生かした作業や、判断能力はそれほど低下しないことが多く、若者より優れていることも少なくありません。

　また、認知症と同様に、エピソード記憶は忘れることが多いものの、認知症と異なりすべての体験を忘れることはありません。こうした記憶力の変化も念頭に入れておくべきであり、安易に認知症だと決めつけてはいけません。

老化による性格変化

　高齢になると、性格的には徐々に保守的になっていき、頑固になっていく傾向があります。今までのやり方を変えることに抵抗し、新しい方法などの受け入れが困難となります。デイサービスに参加するのを嫌がったり、ヘルパーを家に入れたがらなかったりするなどです。こうした際も無理やり説得するのではなく、「お試しでどうですか」など、勧め方を工夫するなど根気強く対応していきましょう。

高齢で独居を理由に、長年住みなれた地域から、息子や娘の地域に転居してくる高齢者も少なくありません。このような場合には、言葉の違いなども含めて新しい地域になじめないことも考えられますので、地域になじんでゆけるようにケアプランを考えていきましょう。

性に対する気持ち

　自分は高齢になって、性の問題は超越しているなどと言う高齢者もいますが、正確ではありません。若い頃のような身体的な要求はなくなってきても、異性への関心は変わらずもっているものです。高齢者施設などで、配偶者を亡くした人同士が仲よくなる例や、職員に対して恋愛感情をもつことなども見かけます。握手をするなどのスキンシップは大切ですが、異性の利用者と面談する際にはある程度の距離感が必要です。

死に対する不安

　若い間は死に対して漠然とした不安しかありませんが、年をとるにつれ不安の内容は具体的で、切実なものになります。死に対する不安を少しでも解消するために、終活として遺言をのこしたり、墓や葬儀の手配まですます人もいます。こうした人々へ、「そんなに心配されなくても、お元気ですよ」などと安易な慰めをするのは、かえって反感をかうのでやめましょう。あくまでも傾聴の姿勢が大切です。死に対する不安は、健康に対する不安でもあります。必要な検査などはきちんと受けるようにアドバイスしましょう。

- ・喪失体験の渦中にある高齢者に安易な慰めはNG。
- ・老化・喪失に伴う心理的変化にも着目して、援助を進めていきましょう。

まとめ

高齢者によく みられる疾患

2

CONTENTS

- 01 高血圧症
- 02 虚血性心疾患（狭心症・心筋梗塞）
- 03 慢性閉塞性肺疾患（COPD）
- 04 誤嚥性肺炎
- 05 喘息
- 06 インフルエンザ
- 07 結核
- 08 胃・十二指腸潰瘍
- 09 胆石症・胆嚢炎
- 10 肝炎・肝硬変
- 11 糖尿病
- 12 痛風
- 13 脂質異常症
- 14 ノロウイルス感染症
- 15 脳血管障害
- 16 慢性硬膜下血腫
- 17 パーキンソン病
- 18 筋萎縮性側索硬化症（ALS）
- 19 認知症
- 20 高齢者のうつ病
- 21 変形性膝関節症
- 22 関節リウマチ
- 23 骨粗鬆症
- 24 腰部脊柱管狭窄症
- 25 腎不全
- 26 疥癬
- 27 末期がんの疼痛コントロール

01 高血圧症

> **POINT**
> 高血圧症は無症状です。しかし、血圧が高い状態が続くと血管にダメージが加わり、心不全、脳卒中、腎疾患のリスクを増大させます。

高血圧症って、どんな病気?

　高血圧症には本態性高血圧（体質と呼ばれるもの）と二次性高血圧（腎疾患、内分泌疾患、動脈硬化など）があります。

　血圧は、怒った時、寒い時、また、排尿や排便時にも上昇します。通常、血圧の上昇は一時的で、すぐに正常の値に戻ります。

　血圧とは心臓から全身に送り出された血液が血管の壁を押す時の圧力のことで、血管を流れる血液の量が多くなった時（怒った時、排泄時など）、血液が流れる血管の太さが細くなった時（寒い時、喫煙時など）、血液がドロドロになって、流れにくくなった時（脂質異常症など）に血圧は上昇し、正常値に戻りにくくなります（図表2-1）。

　これは物理的な問題ですので、流れる血液量が多くならないよう、血管を細く

図表 2-1 血管の変化

血液がドロドロでつまりそう！　　正常な血管　　血管が細い！

しないよう、サラサラの血液にすることで血圧の上昇を抑えることができます。高血圧の状態が続くと、血管を傷つけ脳出血、脳梗塞、心筋梗塞などさまざまな血管由来の病気を発症することになります。

　では、どうして高血圧症になるのでしょうか。脂質異常症で血管に脂質がべったりとついていれば、血管が細い状態が持続することになります。また、心臓から送り出される血液の量は、塩分を多くとっていれば水分を加えて塩分濃度を下げなければならないため、多くなります。またたばこは血管を縮める作用があるため、高血圧を引き起こします。

高血圧症の症状って?

　高血圧症には、これといった症状はありませんが、重症高血圧では、頭痛、悪心・嘔吐、視力障害などの症状が現れることがあります。しかし、平均血圧が高くなっている高血圧症の人が日常生活の中で症状を自覚することはほとんどありません。

高血圧症の治療は?

　基本は生活習慣の改善です。まず禁煙、食事は減塩食とし、肥満の予防のため、摂取カロリーに気をつけ、適度な運動をしてもらうことになります。生活習慣を改善しても血圧が下がらない時には、病状に応じて降圧薬による治療が必要となります。

　その他に、脂質異常症や心臓病、腎臓病などを合併している場合は、それぞれの疾患の服薬が必要になります。

ケア上のポイント

- 毎日起床時など、同じ時間に血圧を測定し、自分の状態を把握しておきましょう。
- 高血圧症は、生活習慣病です。基本的な生活習慣の改善は、減塩、禁煙、適正体重の維持、気温差を避けた生活などです（図表2-3）。

図表 2-2 成人における血圧値の分類(mmHg)

分類		収縮期血圧		拡張期血圧
正常域血圧	至適血圧	120 未満	かつ	80 未満
	正常血圧	120 〜 129	かつ/または	80 〜 84
	正常高値血圧	130 〜 139	かつ/または	85 〜 89
高血圧	Ⅰ度高血圧	140 〜 159	かつ/または	90 〜 99
	Ⅱ度高血圧	160 〜 179	かつ/または	100 〜 109
	Ⅲ度高血圧	180 以上	かつ/または	110 以上
	(孤立性) 収縮期高血圧	140 以上	かつ	90 未満

出典:日本高血圧学会高血圧治療ガイドライン作成委員会編「高血圧治療ガイドライン 2014 電子版」日本高血圧学会.

図表 2-3 高血圧症の生活習慣改善は?

●減塩　　●禁煙　　●適正体重の維持

日常の調理時に、塩や醤油だけではなく、酢などを使うことで塩分量を減らしましょう。また、食卓で足す調味料(刺身+醤油など)の量に気をつけましょう。6g/日未満。

現在は、禁煙補助の方法や禁煙外来など、さまざまな禁煙を助ける方法があります。一緒に頑張ろうという姿勢が大切です。

バランスの取れた食事、適度な運動量を確保することで、適正体重の維持または改善を心がけましょう。BMI 25 未満。

●気温差を避けた生活

寒い脱衣所から高温の湯の中へ、冷房の効きすぎた室内から高温の外へなど、あまりに大きな温度差があると血管に負荷がかかります。冷房も暖房も適度な温度にしましょう。

- 医師から日常生活の送り方について指導されている場合は、その内容を把握し、守られているかを確認する必要があります。
- 守られていない項目がある場合は、守れない原因を探る必要があります。原因がわかれば、解決策も探せるからです。
- 降圧薬や脂質異常症治療薬が処方されている場合は、飲み忘れなく飲まれているか残薬を確認し、残薬がある時は主治医に報告します。
- 普段から高血圧症の人でも、血圧がさらに急上昇することがあります。このような時は、脳卒中などの危険性が高まった状態です。頭が重いなどの症状を訴えたらまず血圧を測定し、高くなっている場合は医師に連絡しましょう。
- 起床後、排尿をすませてから、血圧測定を行い、記録する習慣をつけましょう。
- 病院の管理栄養士と相談をするのも一つの方法です。食生活の注意点など定期的に相談しましょう。
- 介護保険サービスを利用している方は、訪問診療や管理栄養士による訪問栄養指導で、居宅療養管理指導を受けることができます。
- 生活習慣の改善

　食事：野菜、果物の積極的摂取、魚の積極的摂取、コレステロールや飽和脂肪酸の摂取を控えます。

　運動：軽く汗をかく程度の散歩など有酸素運動を中心に、定期的に毎日30分以上やるとよいでしょう（ただし、心臓血管疾患のない方に限ります）。

　節酒：エタノールで男性20〜30 mL/日以下（およそ日本酒1合、ビール中瓶1本。女性はその半分ほどです。

実は怖い高血圧症

- 高血圧症は無症状。だからこそ自己計測が必要
- 高い血圧が血管にダメージを与え、さまざまな病気を引き起こす
- 生活習慣を改善することで、悪化を予防

02 虚血性心疾患（狭心症・心筋梗塞）

> **POINT**
> 狭心症は心筋梗塞に移行する可能性のある怖い病気です。情報の共有を確実に。

虚血性心疾患（狭心症・心筋梗塞）って、どんな病気？

　心臓は、肺で多くの酸素を含んだ血液を全身の隅々に送り出す、生きるために必要不可欠な臓器です。心臓は心筋（筋肉）でできた臓器で、その心筋自体に血液を送っているのが心臓を取り囲むように分布している冠動脈です。

　虚血性心疾患とは動脈硬化によりこの冠動脈（太いところでも4mmくらい）が狭くなり、心筋に十分な量の血液が行きわたらなくなる病気の総称です。

　狭心症は、動脈硬化などで細くなっている冠動脈が、運動や気温の変化などで一時的にさらに細くなり、血液の流れが滞ってしまう状態です。

　心筋梗塞とは、完全に詰まってしまった冠動脈の先の筋肉が、血液が来ないために壊死してしまった状態です。

狭心症・心筋梗塞の発作時の症状って？

❶狭心症

　運動時や急に気温の下がったところに行くことで心臓の拍動が多くなる時や、冠動脈がギュッと縮まった時などに胸の痛み（冷汗、胸の締め付けられる感じ、息苦しさ、動悸など）が発生し、安静にしていると痛みが引くのが狭心症です。痛みは2〜3分、長くても5分以内に消失します。しかし、狭心症はそのままにしておくと痛みが引かなくなり、心筋梗塞に移行してしまう危険があります。

図表2-4 狭心症と心筋梗塞

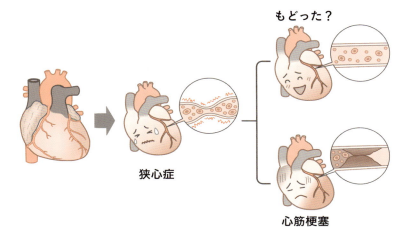

❷心筋梗塞

　心筋梗塞は、狭心症とは違う前胸部や胸骨後部に突然の痛みが出現し、いつまでも痛みが引かない状況になります。そのままにしておくと心臓が十分に働かず、患者は亡くなることになります。高齢者の場合は、「はっきりとした胸の痛み」という症状が出ず、胸やけや歯の痛み、肩の痛みなど心臓以外の場所に痛みが出ることがあるので注意する必要があります。

狭心症、心筋梗塞の発作を起こした時の治療は?

❶狭心症

　狭心症発作時には発作を緩解（かんかい）するためのニトログリセリンやニトロールという薬を早急に服用する必要があります。

　血管カテーテルを冠動脈まで挿入し、多くの場合、風船を膨らませて外科的に血管を太くする経皮的冠動脈インターベンションという手術が行われることもあります。症状が落ち着いてからは、服薬と生活改善が中心となります。

　服薬は、発作の予防を目的としたカルシウム拮抗薬（きっこうやく）（アダラート、ニバジール

など）で、血管を拡張させます。また、コレステロールなどの付着によって血管が細くなっている場合は血液がサラサラになるように抗血小板薬（アスピリンなど）や脂質異常症治療薬（リピトールなど）が処方されます。

利用者は、ニトロペンなど舌下錠を肌身離さずもっていることが必要になります。

狭心症の原因として重要な「高血圧」「脂質異常症」「喫煙」「ストレス」「肥満」「糖尿病」「高尿酸血症」を改善するための生活改善が必要になります。

❷心筋梗塞

心筋梗塞を起こした場合は、心臓集中治療室に緊急搬送され、救急処置後、壊死する心筋の範囲をなるべく小さくするための手術が行われます。

可能と判断されれば、経皮的冠動脈インターベンション、冠動脈バイパス術が行われることもあります。

救命後は、強心薬の服用、心臓への負担をなるべく軽くするための生活改善が必要になります。

心臓は電気刺激で動いている臓器なのですが、心筋梗塞の発作後は電気の流れが不安定になり、不整脈が出やすい状態になっています。心臓の心筋の電気の流れを確認する検査である心電図は、下のイラストのように行います。

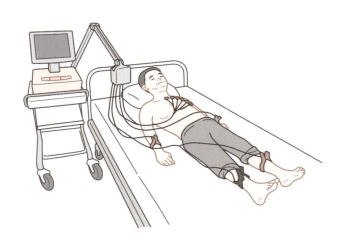

狭心症・心筋梗塞後の生活は？

❶狭心症の人の生活

●禁煙・ストレスを避ける

喫煙時やストレスがかかると、全身の血管が縮まります。当然狭心症の人の細くなっている血管も縮むことになり、狭心症発作の原因になったり、心筋梗塞にもなりかねません。禁煙をし、可能な限りストレスのかからない生活の確保が必要です。

●激しい運動の禁止

激しい運動をすると、心臓は脈拍を多くして全身に血液を送らなければならなくなります。心臓自体も激しく動かなければならなくなるため、多くの血液が必要になります。冠動脈に細くなっている部分のある狭心症では、十分な血液を供給できなくなるため、激しい運動は控えるようにします。

●適度な運動の奨励

散歩などの軽い運動は、動脈硬化の治療・予防効果が期待できます。しかし、病状によって適度の範囲も異なりますので、主治医の指示に従うようにします。

●適切な食事
　脂肪分や糖分の多い食事は、血管にコレステロールがたまり、ドロドロの血液の原因となります。サラサラの血液を確保するためにも、十分な水分摂取と適切な食事が大切です。

❷心筋梗塞の人の生活
●運動量の制限
　壊死してしまった心筋は元には戻らないので、発作前のような生活はできません。主治医の指示に従い、活動量を守るようにしましょう。

●塩分・糖分・脂質を控えた食事
　心筋梗塞を起こすと、そのあと程度の差こそあれ心不全になってしまいます。塩分の多い食事をとると、その塩分を薄めるために血液量が多くなり、心臓が多く働く必要が生じます。また、血糖値が高めな場合は、ご飯や酒、甘いものなどの摂取量を控える必要があります。また、脂質は動脈硬化を引き起こす危険因子のため、摂取を控えます。

●適正体重の維持
　体重が重いだけで、心臓への負担は大きくなります。
●息苦しさなどつらさの早期発見
　心筋梗塞では緊急対応が必要なことが多く、症状の早期発見が大切です。

ケア上のポイント

- 虚血性心疾患のある利用者の場合、常に緊急の対応が必要となる可能性があることを、本人・家族を含めたケアチーム全員で認識しておく必要があります。そのうえで、以下の情報を全員で把握しておく必要があります。
- 強い痛みが出た時は、ニトログリセリン舌下錠などを使用する必要があります。ニトログリセリンは血管を広げる作用があるため、発作時には急いで使用しなければなりません。緊急時に必要となる薬などは、利用者が携帯したり、わかりやすい場所に保管し、本人だけでなくかかわる全員で把握しておかなければなりません。
- 痛みの継続時間はとても重要な情報です。どの程度継続しているのか、痛みの他に嘔吐などの症状はあったのか、その間にニトログリセリンなどの薬は使用したのか、痛みから何分後に使用したのかなど、知りえた情報を正確に提供できるように心がけましょう。
- 緊急時の連絡場所は、誰もがすぐわかるように、壁に貼るなどの方法をとるようにしましょう。
- 主治医とは、事前にどのような症状が出たら緊急要請をし、どのような時にはまず主治医に連絡するのかなど、具体的に指示をもらっておきます。
- ニトログリセリンなどを服用しても症状が消失しない場合は、心筋梗塞の可能性があるため、ためらわないで救急車を要請します。

舌下錠の正しい使い方
- 舌下錠は、噛まずに舌の下や歯茎と頬の間に挟んだ位置に挿入
- 飲み込まずに、舌の下や挟んだ位置で溶かす
- 口腔粘膜から直ちに吸収されるため、効果の出現が早い薬
- 口の中が乾いて溶けにくい場合は、水で口の中を湿らせてから（ガーゼなどを湿らせ、絞ったのちに口腔内を拭くなどして）挿入

03 慢性閉塞性肺疾患（COPD）

> **POINT**
> COPDは、喫煙が原因の疾患。
> 長年の喫煙により徐々に肺がダメージを受け、
> 少しの動きで息切れするようになり、
> 肺炎などを起こしやすくなります。

COPDって、どんな病気？

　長期の喫煙習慣で気管支や肺胞などに慢性の炎症が起こり、この炎症によって、気管支やもっと先の細気管支が徐々に細く硬くなり、肺胞は壊れて、大きな風船のようになってしまう疾患です（図表2-5）。

　このようになると、常に血液中の酸素量が少なくなったり（低酸素血症）、血液中の炭酸ガス濃度が高くなる（高炭酸ガス血症）ことによって、高血圧症や右心不全を併発することになります。

COPDの症状って？

　この病気の原因は喫煙なので、禁煙をしない限り、静かに、しかし確実に進行する病気です。10年もの年月をかけて進行し、さまざまな症状を自覚していくようになります。

　慢性の痰が絡むような咳が続き、労作時の呼吸困難や息切れがみられるようになり、進行すると安静時でも喘鳴や息苦しさを自覚するようになります。

　COPD患者が風邪などの感染症に罹患すると、一気に進行し、重篤な症状が出現します。

　COPDが進行すると、安静にしていても呼吸困難となり、体内に必要量の酸素

図表2-5 COPDの肺と正常な肺

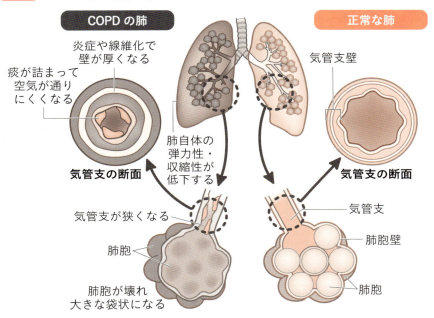

を取り入れることができなくなり、酸素吸入器を使用することになります。

食欲不振から体重減少が起こり、疲労感が強くなります。

COPDの治療は?

禁煙が最も大切な治療法です。禁煙しない限り、何をしても進行を食い止めることはできません。禁煙を続けながら呼吸リハビリテーションを行うことで、症状の改善が期待できます。

日常的に行える呼吸リハビリテーションの一つに、柔軟性トレーニングと筋力トレーニングがあります（図表2-6、7）。柔軟性トレーニングでは筋肉を柔らかくすることで呼吸を楽にします。

筋力トレーニングも、呼吸に無理のない範囲で行うことで、活動がスムーズになります。

症状やQOLの改善のために気管支拡張薬（$β_2$刺激薬、抗コリン薬、テオフィリン製剤）やステロイド薬などの吸入薬が処方されます。これらの薬物は、症状の改善や増悪の予防のための薬で、疾患自体を治療することはできません。

　COPDを悪化させないために、インフルエンザや肺炎球菌ワクチンの予防接種投与を受けてもらい、感染を予防します。その他、感染症予防のために外出時のマスク、帰宅時の手洗い、うがいを習慣づけて行いましょう。また免疫力の低下を予防するために、適切な睡眠時間の確保、バランスの取れた食事摂取を心がけましょう。

　重度になると酸素療法が必要になります。

図表2-6　柔軟性トレーニング

〈体幹、背部のストレッチ〉

①両膝を立て、鼻から息を吸う

②口から息を吐きながら両膝を右（左）に倒し、吐き終わるまでに戻す。

〈体幹のストレッチ〉

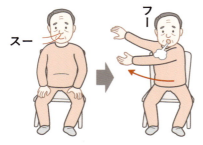

①鼻から息を吸い、吐きながら体を右（左）にひねる
②吐き終わるまでに戻す

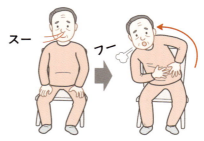

①鼻から息を吸い、吐きながら体を右（左）に倒す
②吐き終わるまでに戻す

figure 2-7 筋力トレーニング

〈上肢を鍛える〉
①おもりを持って、腕を横に伸ばす
②息を吐きながら腕を上げ、吐き終わるまでに戻す

〈下肢を鍛える〉
①両膝を立てる
②鼻から息を吸う
③口から息を吐きながら片足を上げ、吐き終わるまでにおろす

COPDの人の生活は?

- 禁煙の継続

  COPDの主な原因は喫煙です。禁煙しない限り、症状は進行します。

- 呼吸リハビリテーションの実施

  呼吸機能の低下してしまった呼吸器の機能を維持し、少しでも息苦しさを軽減するためには、リハビリテーションが必要になります。

- 感染予防

  インフルエンザや風邪などに感染すると、COPDの症状が一気に悪化してしまいます。予防接種のあるものは積極的に取り入れ、感染症に罹患しないようにする必要があります。

- ●症状悪化の早期発見

  利用者の日ごろの状態を把握しておき、症状の変化を見逃さないようにします。

ケア上のポイント

- ●まずは禁煙が大切なので、禁煙を勧めることを検討しましょう。禁煙外来のある医療機関への相談も視野に入れて、本人や家族と相談して、具体的な禁煙への道筋を決めるようにしましょう。
- ●風邪に感染することによって、COPDは悪化していくため、感染の予防がとても重要です。
- ●インフルエンザの予防注射の他、毎日の手洗いも大切です。また、家族が風邪やインフルエンザに感染した時の利用者とのかかわり方についても、具体的に計画を立てておきましょう。
- ●利用者が息苦しさをすでに自覚している場合は、息苦しくならないための動き方を知らせるようにします。たとえば、階段を上がるなどの息苦しさを起こす運動をしなければならない時には、運動の前にまず呼吸を整え、運動時には口すぼめ呼吸をしながら、動作は「息を吐く時」にゆっくり行います。動作中には息を止めないように、声をかけましょう。
- ●利用者の日ごろの状況を家族や介護者で情報共有し、症状の変化が起きた時は、誰もがその変化を見逃さず、医療機関にかかるようにします。
- ●在宅酸素療法を行っている場合は、酸素供給装置使用上の注意を皆で把握したうえで、できるだけ活動的な生活が送れるように援助します。

＋α　禁煙外来について

- ■喫煙をやめられないのは、「ニコチン依存症」という病気
- ■意志だけで禁煙するのはとても大変。禁煙外来は、禁煙するための治療機関
- ■多くの病院に禁煙外来があり、保険治療が受けられる

在宅酸素療法（HOT）

COLUMN 2

高齢者によくみられる疾患

　自宅で療養している方の呼吸器の機能が悪化し、十分な酸素を取り入れることができなくなり医師が必要と認めた場合には、以下のように在宅酸素療法が導入されます。

●導入までの流れ
①医師より本人・家族に、在宅酸素療法の必要性や効果が説明されます。
②検査または入院期間中に、医師が酸素量やどのような時に使用するかを決定し、本人・家族に説明します。また、機器の使い方、生活上の注意、緊急時の対応についても説明されます。
③退院の日時に合わせ、業者が自宅に機器を設置します。その時に、再度具体的に使い方や個別の注文について確認します。

●生活上の注意
- 大気中の酸素を濃縮する機器を使用する場合と、液体酸素を家に運んで使用する場合があります。
- どちらも、直接日に当たらないようにしましょう。
- 液体酸素を使用する場合は、時間を決めて換気するようにしましょう。
- 酸素は火気厳禁ですので、火元から2m以上離して設置します。
- 日常生活では、台所や暖房の火元だけでなく、仏壇のろうそくや線香、家族のたばこも火元です。十分に気をつけます。
- ポータブルの酸素濃縮器など、外出にも便利なものがあります。
- 在宅酸素事業者のネットワークは全国的に整備されているため、旅行などにも対応が可能になっています。

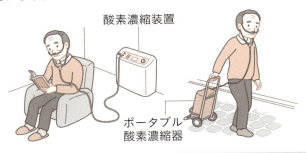

04 誤嚥性肺炎

> **POINT**
> 誤嚥性肺炎は、高齢者にとって
> 命にかかわることもある、怖い病気です。

誤嚥性肺炎って、どんな病気?

　誤嚥とは、食べ物や飲み物が食道に入らず、誤って気管に入ることをいいます。若くて元気な人であれば何かが気管に入り込んでも、「むせる」ことで、気管からその異物を出すことができます。しかし、高齢になったり、何らかの病気があって飲み込みが悪くなっている人の場合は、力強く「むせて」出すことができなくなるばかりか、嚥下のたびに気管に少し物が入り、気管の奥へと流れ込んでいくことになります。また、睡眠中に唾液を誤嚥してしまうこともあります。
　雑菌が多くいる口の中を通った食べ物が誤って肺に入ると、雑菌が肺の中で繁殖し、肺炎を起こします。これが誤嚥性肺炎です。

嚥下機能って?

　食べ物を飲み込むためには、食べ物を口に入れ、咽頭に送り込めるまでの柔らかさになるまで噛み砕き、飲み込む準備ができたら、頬、舌が食物をのどの奥に送り、同時に咽頭が開き、食物を喉頭に送り、喉頭蓋という気管に蓋をする組織が動き、食物は食道に入っていきます（図表 2-8）。無意識に行っている動きですが、とても複雑な運動によって、嚥下が可能となっているのです。
　激しく咳込む、高熱が出る、濃い痰が多くなった、呼吸が苦しそうなどの誤嚥性肺炎の徴候に注意しましょう。

図表 2-8 飲み込みの仕組み

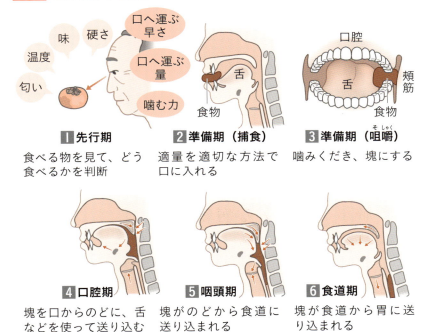

嚥下障害の症状って？

　食事に時間がかかり、食べる量も減っていきます。多くのものを口に入れても飲み込めなくなっているため、少しずつゆっくりと噛もうとすることで、時間がかかり、食事量も減り、十分な栄養がとれなくなります。サラサラの水分は嚥下機能が低下している人にとって、とても摂取しにくいものです。それまで大好きだった果物を食べなくなったり、お茶を避けるようになったりします。

　話し声が小さく、かすれた声になります。大きい声を出すには胸からのどの筋力が必要ですし、はっきりとした発音をするには、舌の動きが必要です。また声のかすれは、のどに食べ物が残っていると生じます。

　飲み込む時に反射的に口を閉じることができなくなり、口から物がこぼれたり、よだれが出たりすることもあります。また、食物が咽頭を通る際に、口の中での反

射が弱くなるために、食物が鼻の方に回ってしまうと、鼻水が出ることもあります。
　時々熱が出る場合は、誤嚥性肺炎になっている可能性があります。

嚥下障害を防ぐための治療は?

　嚥下障害そのものを防ぐための薬や手術などもありますが、大切なのは食事の形態とリハビリテーションです。
　歯に痛みがあると、十分に食物を噛むことができなくなるため、歯の治療を行います。また歯がなくて咀嚼がうまくできない場合は、入れ歯を作るようにします。

嚥下障害を予防するための生活は?

●食事の前に口腔ケアを
　口の中を歯ブラシなどで刺激し、清潔にすることで、口臭をとり、味もわかりやすくなります。
●食事の前の準備体操（図表2-9）
　全身を動かすことで、飲み込みの反射の改善が期待できます。
●食事に適した姿勢の確保（図表2-10）
　食物が気管に流れにくくするために、姿勢はとても大切なものです。

図表2-9　食べる前の準備体操

①頬を膨らませたり
　すぼめたり

②舌で左右の口角を
　触れる

③息がのどに
　当たるように
　強くゆすって止め、
　三つ数えて吐く

図表 2-10 食事の時の姿勢

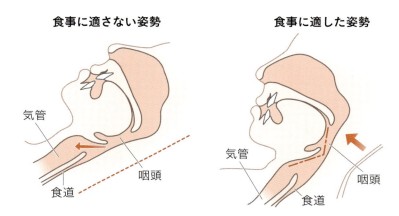

【誤嚥しにくい食事介護の実施】

　高齢になると、硬いものやパサついたものは食べにくくなります。特に口腔内が乾燥しやすいため、調理法の工夫が必要です。また、急いで食べるような食事も誤嚥に結びつきます。

　これから口に食物が入るのだということを認識してもらう必要があります。そのためには、介助される人と介護する人がしっかりと目を合わせ、声をかけながら食事介護をすることが必要です。

　ひと口の目安はおおよそスプーンに軽く1杯ほどです。

　煮魚などは、口の中の水分がなくなるので、水分と交互にとってもらうようにします。

　火傷を起こさないために、食べ物の温度には、気をつけましょう。

　誤嚥を起こしてしまったのでは、と思われる時は、主治医に連絡しましょう。

　日常生活を送る中で、「嚥下障害の症状って？」（41ページ参照）に記載した症状がみられた時は、主治医の診察が必要です。

ケア上のポイント

- 嚥下障害の可能性があることを家族や介護者で認識しておく必要があります。そのうえで食事場面の観察ポイント（図表2-11）に記載した内容を把握し、実施に努める必要があります。もし、肺炎のような症状がみられた時には、早急に医師に連絡するよう、全員で把握しておく必要があります。
- 嚥下障害の状態に応じてペースト食にするなど、食形態を考えていく必要があります。また、水分や汁物は「とろみ」をつけるとよいでしょう。
- 管理栄養士による訪問栄養指導で食材の選び方などの指導を受けることができます。
- 誤嚥によって、口腔内の雑菌が気管や肺に入ることで肺炎などを起こしやすくなるため、口腔内の衛生管理は大切です。
- 口腔ケアは、歯科医や歯科衛生士に依頼すると、往診してくれるところが多数あります。
- 定期的に口腔内の状態を確認してもらい、介護者のケアだけでは清潔を保てないところの清掃をしてもらうようにします。
- 歯科医師の訪問診療は口腔の衛生の確保だけでなく、口腔の機能を保ち、食べられるようにすることを目的に支援してくれます。
- 日常の口腔ケアの方法についてもアドバイスをもらい、家族と情報を共有することも必要です。

高齢者の肺炎

- 高齢者が肺炎になったとしても、熱が出るとは限らない
- 食欲が落ちた、元気がない、声をかけても反応が悪いなど、いつもと様子が違う場合は肺炎の可能性がある
- すぐに主治医に連絡する

嚥下状況を確認するための観察ポイント　COLUMN 2

　嚥下状況を確認するためには、食事時間やむせの有無だけでなく、以下のような細かい観察を行うことで危険性を把握することができます。
　図表 2-11 を参考に、食事前、食事中、食後の状況をそれぞれ観察し、歯科医師が訪問した時に情報を伝え、皆で誤嚥の発生に注意するだけでなく、早期発見にも役立てましょう。

図表 2-11　食事場面の観察ポイント

食事前の観察ポイント		食事中の観察ポイント	食後の観察ポイント
呼吸・体温は安定しているか		呼吸・脈拍・SpO_2*に変化はないか	呼吸・脈拍・SpO_2*に変化はないか
覚醒状態は良いか		口からのこぼれはないか	口の中に食物残留はないか
口の中は清潔か		食事のペースは適当か	むせの有無や頻度はどうか
食物の認識・食べる意欲		一口量は適量か	声の変化はないか
姿勢	身体の傾きはないか	姿勢に変化はないか	食事時間は何分くらいか
	テーブル・椅子の高さは適当か	むせの有無や頻度はどうか	食事量はどのくらいか
	首は安定しているか	声の変化はないか	食事内容はどうか
	股・膝関節の角度はどうか	呼吸音に変化はないか	
	足底は接地しているか	意識状態に変化はないか	

＊SpO_2：血中酸素飽和度
出典：日本歯科衛生士会監『在宅療養者の口腔ケア実践マニュアル』医歯薬出版，p15，2016 年

05 喘息

POINT
喘息の発作時には、喘鳴、咳、呼吸困難など呼吸器症状が出て、重症例では死に至る病気です。

喘息って、どんな病気？

　アレルギー反応を引き起こす物質や、気温の急激な変化など、何かが引き金となって気道に炎症が起こり、気管支がむくみ、痰が大量に出て、呼吸がうまくできなくなる病気です（図表2-12）。
　発作状態になったらすぐに気管支吸入薬を吸入しないと、危険な状況になることもあります。

図表2-12 気管支の変化

正常な気管支
- 基底膜
- 粘膜上皮
- 気管支粘膜
- 平滑筋（へいかつきん）
- 気管支の断面

喘息の気管支
- 気道粘膜がむくむ
- 痰などの分泌物が増す
- 気管支に炎症が起こり狭くなる

喘息発作の症状って?

　気温が急に変わった時や明け方などに咳が出始め、次第に呼気時に「ゼーゼー」と胸の音（喘鳴）を伴い、咳込み、呼吸困難となります。
　利用者は呼吸できない苦しさと不安から、パニック状態となることもあります。
　季節の変わり目、気温差の激しい時、疲れている時に起こりやすいです。

喘息の治療は?

●日常的
　発作を予防するために、ステロイド吸入薬、抗アレルギー薬などが使用されます。
●発作時
　酸素療法、気管支拡張薬、去痰薬（きょたんやく）などが使われます。

喘息のある人の生活は?

　発作を起こさないような生活を心がけます。
　まず、生活環境を見直しましょう。ハウスダスト、ペットの毛、たばこの煙、乾燥や気温の急な変化など、さまざまなものや環境が発作の原因になるので、利用者の身の回りの環境を適切なものに整えます。
　また、ストレスや疲れをためない生活を心がけ、日ごろから休息と十分な栄養、睡眠をとります。
　なお、アルコールやたばこは、気道を刺激して炎症を悪化させる原因になるため、控えましょう。

【発作が起きたら】
・パニックにならないよう、呼吸をなるべく落ち着かせましょう。
・すぐに処方されている気管支拡張薬を吸入します。
・薬を吸引した後に、衣服を緩め、楽な姿勢をとってもらいましょう（図表2-13）。

図表2-13　喘息発作時の楽な姿勢

〈座位での楽な姿勢〉

患者が望む楽な姿勢

〈臥位での楽な姿勢〉

ギャッジベッド

ケア上のポイント

- 生活環境を整備して、発作を誘発するハウスダストやペットの毛、たばこの煙などを極力取り除きましょう。
- 発作時だけでなく、通常処方されている薬を適切に飲んでいることを確認しましょう。
- 日ごろより疲れやストレスがたまっていないかを確認しましょう。
- 発作時に気管支拡張薬の吸入を行っても症状が改善しないような場合は、主治医に速やかに連絡します。
- 発作時には速やかに吸入薬を使用する必要があります。本人や家族だけでなく、介護者も保存場所、使用方法については理解しておかなければなりません。

実は怖い喘息

- 喘息で死亡する成人のうち、90％近くが60歳以上の高齢者
- 発作を引き起こす原因として、気道感染、過労、ストレスが三大誘因とされている
- また、処方された薬を適切に服用していなかったことにより、発作を引き起こすこともある

吸入器の使い方　COLUMN

エアゾール製剤の使い方

①キャップをはずす
②吸入器を数回振る
③垂直に立ててもつ
④息を吐き、舌を下げ、のどを広げる
⑤吸入口をくわえる
⑥ボンベを1回押して、なるべく深く吸う
⑦3〜4秒程度息を止める
⑧ゆっくり息を吐く　　⑨うがいをする

エアゾール製剤

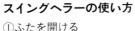

スイングヘラーの使い方

①ふたを開ける
②ボタンを押す
③息を吐く
④表、水平と書いてある面、カウンター表示面を上にしてもつ
⑤マウスピースをくわえる
⑥薬を吸い込む
⑦数秒間息を止める
⑧ゆっくりと息を吐く　　⑨うがいをする

スイングヘラー

06 インフルエンザ

> **POINT**
> インフルエンザウイルスによって毎年冬に多くの感染者がみられる呼吸器疾患です。高齢者、小児では、毎年死亡者が出ています。

インフルエンザって、どんな病気

　インフルエンザウイルスによる感染症です。インフルエンザウイルスには香港A型・ソ連A型、B型の他、2009年春から新型インフルエンザが流行り始め、その年によって流行するウイルスの型は異なります。

感染経路（図表2-14）と予防法
● 飛沫感染

　咳やくしゃみの飛沫の中にあるウイルスを近くの人が吸い込むことで感染します。よってマスクが有効な予防法となります。

● 接触感染

　感染した人が、ドアノブなどをウイルスのついた手で触り、それを他の人が触った手でものを食べたり眼や鼻をこすることで感染します。よって手洗いが大切な予防法となります。

インフルエンザの症状って？

　感染すると38℃以上の発熱、頭痛、関節痛、筋肉痛、倦怠感などの全身症状が強く現れ、あわせて鼻水、咳、のどの痛みなどの症状もみられます。高齢者や小児が感染し重症化すると、気管支炎、肺炎、脳炎と進行し、死に至ることもあります。

図表 2-14　インフルエンザウイルスの感染経路

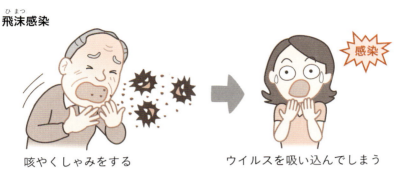

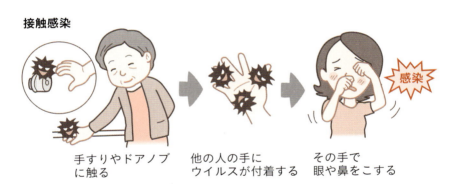

インフルエンザの治療は？

　発症後2日以内にタミフル、リレンザなどの抗ウイルス薬を使用し始めれば、症状の重症化を抑えることができます。最近では、1回ですむ点滴があり、高齢者によく使われます。

ケア上のポイント（感染した時の生活）(図表2-15)

● 水分の補給

　発熱しているため、体内の水分が不足しがちです。水分は飲みやすいものを選んで、十分な量を摂取する必要があります。

- ●安静の確保

  体力を少しでも保持し、免疫力を高めることで重症化を防ぎます。
- ●消化のよい食事を摂取しましょう。
- ●口を触った時や鼻をかんだ時は手洗いを行い、周囲に感染を広めないような心遣いが必要です。
- ●熱がなかなか下がらない、経口的に水分もなかなかとれなくなってきた、反応が鈍くボーとした感じになってきたなどの変化があった時は、重症化の可能性があります。主治医に早急に連絡し、指示をもらうようにします。
- ●インフルエンザウイルスは熱に弱いので、苦しくなければ積極的に熱を下げる必要はありません。

図表2-15 インフルエンザの注意点

感染予防	インフルエンザワクチンの接種 手洗い（アルコール消毒でウイルスを除去できます） 水分摂取 免疫力を落とさないように（食事と睡眠が重要です）
合併症予防	糖尿病、腎臓病があったり、心臓や呼吸器に慢性疾患がある場合は、重症化することがあります 気管支炎や肺炎の合併が起こりやすくなります 肺炎は、インフルエンザウイルスによる肺炎ではなく、弱った身体に細菌が感染すること（二次感染）による細菌性肺炎の頻度が高くなります 抗インフルエンザ薬（タミフルやリレンザなど）は、発症後48時間以内に治療を開始しなければ効果が得られません
疑いがある時は	インフルエンザが疑われる場合には、早めに医療機関を受診するよう促します

インフルエンザ予防のための生活

- ■予防接種を受けて、感染を予防するだけでなく、重症化を防ぐ
- ■流行時は人ごみを避け、外出時にはマスクを着用する
- ■帰宅時には石鹸による「手洗い」と「うがい」をする
- ■栄養と休養を十分にとる
- ■室内では加湿と換気をする

重症化を防ぐ予防注射

COLUMN 2

高齢者によくみられる疾患

　予防注射は最も効果のある予防法です。インフルエンザにかかっても重症化を防ぐので、高齢の方はぜひ受けてください。注射後2週間後くらいから効果が出て、約5か月ほど持続するので11月から12月中旬ぐらいまでには受けておくといいでしょう。成人の場合は1回接種で2回接種との効果は変わりません。卵アレルギーのある方やてんかん発作を起こしたことのある方は医師と相談後に接種してください。人の集まるデイサービスに行くような高齢者は、予防注射は必須です。

　インフルエンザでは時として39℃台の高熱が出ますが、子どもや高齢者では坐薬の使用は禁忌です。発熱自体は体の免疫力を上げて、熱に弱いインフルエンザウイルスと闘っているわけですから、あまりつらくなければ無理に熱を下げないほうがいいのです。熱を下げることで、かえってウイルスが生き残り、治りを遅らせることもあります。

　わが国のタミフルの使用量は世界で突出しており、2007年には全世界の7割近くを使いました。全世界の人口の5％の国が7割を使うというのは大変異常なことです。虚弱な高齢者や子どもを除いては、ほとんどのインフルエンザは体を休めていれば数日で治ります。また、タミフルも感染後の早い時期に使わないと効果があまり出ません。最近ではタミフルに耐性のあるインフルエンザも出てきているようで、乱用は慎みたいものです。

　予防注射以外の感染予防としては、免疫力を保つためにバランスの良い食事と睡眠をしっかりとること。人ごみに出る時は手袋やマスクをつけましょう。また、外出から戻ったらうがいと手洗いは忘れずに。室内では換気をこまめに行って、部屋の湿度を保つように保湿器などを使うといいでしょう。飛沫感染の確率を減らすことができます。

出典：苛原　実『「インフルエンザ」訪問医が教える医療知識　第8回』p73，ケアマネジャー，13 (11)，2011年

07 | 結核

> **POINT**
> 結核は昔の病気ではありません。今でも高齢者だけでなく若者にも患者が多数出ていて、死亡することもある重篤な感染症です。

結核って、どんな病気?

　結核は結核菌の感染によって起こる病気です。さまざまな部位で炎症を起こしますが、最も多いのが肺に感染する肺結核です。

　今の高齢者が若かった終戦直後には、栄養状態も悪かったため大流行が起こりました。その後徐々に発症者は少なくなりましたが、現在でもわが国での発症者数は高い状態で止まっています。

　結核は人から人に感染する病気ですが、病気の状態により、感染していても症状の出ない状態、症状は出ているが菌を排出していない状態、症状も菌の排出もみられる状態に分類されます。

　人に感染させてしまうのは、菌を排出している人だけです（菌の排出中は隔離入院になります）。

　結核は、感染が確認された場合には医師から保健所に届けが出されます。

肺結核の症状って?

　結核菌は、咳などの飛沫を吸い込むことで感染しますが、どこかについていた飛沫を口に入れてしまったからといって感染することはありません。

　発症すると長期間の咳や微熱が出て、進行すると肺胞が壊死していくようになり、血痰や全身倦怠感、食欲不振がみられるようになります。さらに進行すると呼

吸困難が出現し、死に至ることもあります。

肺結核の治療は？

　治療は抗菌薬の服薬が基本です。結核の治療薬として世界中でストレプトマイシンが使用され続けた結果、ストレプトマイシンが効かない結核菌が出現してしまいました。このため、現在の治療法は何種類もの抗結核薬を長期間服用することになりました。

　基本的には、まず、抗結核薬のイソニアジド（INH）、リファンピシン（RFP）、ピラジナミド（PZA）の3剤に、エタンブトール（EB）またはストレプトマイシン（SM）を加えた4剤の併用療法が6～9か月間行われます。

　この薬を途中で止めるようなことがあると、体内の菌がなくならずに形を変えて残ってしまい（耐性菌）、今まで服用していた薬が効かなくなってしまいます。

肺結核予防のための生活は？

　ツベルクリンやBCGなどで早期に発見したり、予防することもできます。

　規則正しい生活、栄養のバランスの取れた食事をとることで体力を保持すれば、感染や発症を防ぐことができます。

　糖尿病などの生活習慣病の人は、感染しやすく、発症しやすくなるため、本人だけでなく家族にも情報を提供し、生活習慣病のある方はその治療も適切に受けるようにしましょう。

肺結核の人の生活は？

　処方された薬を忘れずに飲み続けることが何よりも必要です。

　家族などの周りの人にうつさないためにも、マスクを着用し、人の多いところには行かないようにしましょう。

　また、呼吸器疾患による認定を受けると、障害年金の対象となります。症状によって対象にならないこともありますので、主治医に相談するようにしましょう。

ケア上のポイント

- 利用者と面談する時は、必ずマスクを着用しましょう。
- 利用者の排菌の状態を把握し、必要以上に恐れることのないようにしましょう。
- 利用者の身体状況について医療者に確認し、適切な対応を家族、介護者で共有しましょう。
- 服薬をきちんと続けていることを確認し、血液検査の結果を医療者に確認するなど、副作用（肝機能障害など）が出ていないかを確認しましょう。
- 暴飲暴食を避け、十分な休息をとるよう指導しましょう。
- 治癒までに長時間かかるので、利用者の精神的なストレスにも対応しましょう。
- 細かい対応については、保健所に相談しましょう。

+α 結核の人に出会ったら確認すること

- 障害年金について、知っているか
- 服薬の継続の重要性について知っているか
- 排菌しているのか、していないのかを知っているか
- 排菌がある場合は、入院して隔離するのが原則

肺結核と障害年金の認定基準　COLUMN

①肺結核による障害の程度は、病状判定および機能判定により認定します。
②肺結核の病状による障害の程度は、自覚症状、他覚所見、検査成績（胸部X線所見、動脈血ガス分析値等）、排菌状態（喀痰等の塗抹、培養検査等）、一般状態、治療および病状の経過、年齢、合併症の有無および程度、具体的な日常生活状況等により総合的に認定します。
③病状判定により各等級に相当すると認められる状態を一部例示すると次のとおりです。

図表2-16 障害年金の各等級

障害の程度	障害の状態
1級	認定の時期前6月以内に常時排菌があり、胸部X線所見が日本結核病学会病型分類（以下「学会分類」という。）のⅠ型（広汎空洞型）またはⅡ型（非広汎空洞型）、Ⅲ型（不安定非空洞型）で病巣の拡がりが3（大）であるもので、かつ、長期にわたる高度の安静と常時の介護を必要とするもの
2級	1. 認定の時期前6月以内に排菌がなく、学会分類のⅠ型もしくはⅡ型又はⅢ型で病巣の拡がりが3（大）であるもので、かつ、日常生活が著しい制限を受けるかまたは日常生活に著しい制限を加えることを必要とするもの
	2. 認定の時期前6月以内に排菌があり、学会分類のⅢ型で病巣の拡がりが1（小）または2（中）であるもので、かつ、日常生活が著しい制限を受けるかまたは日常生活に著しい制限を加えることを必要とするもの
3級	1. 認定の時期前6月以内に排菌がなく、学会分類のⅠ型もしくはⅡ型またはⅢ型で、積極的な抗結核薬による化学療法を施行しているもので、かつ、労働が制限を受けるか、または労働に制限を加えることを必要とするもの
	2. 認定の時期前6月以内に排菌があり、学会分類Ⅳ型であるもので、かつ、労働が制限を受けるか、または労働に制限を加えることを必要とするもの

④肺結核に他の結核または他の疾病が合併している場合は、その合併症の軽重、治療法、従来の経過等を勘案したうえ、具体的な日常生活状況等を考慮するとともに、「障害の程度」および「認定基準」を踏まえて、総合的に認定します。

⑤肺結核および肺結核後遺症の機能判定による障害の程度は、「呼吸不全」の認定要領によって認定します。

⑥加療による胸郭変形は、それ自体は認定の対象とならないが、肩関節の運動障害を伴う場合には、「上肢の障害」として、その程度に応じて併合認定の取扱いを行います。

⑦「抗結核薬による化学療法を施行しているもの」とは、少なくとも2剤以上の抗結核薬により、積極的な化学療法を施行しているものをいいます。

資料：厚生労働省「障害年金関連」（www.nposalvage.com/sinnkei.html）

08 胃・十二指腸潰瘍

POINT
胃・十二指腸潰瘍は誰でもかかる可能性のある病気です。そのままにしておくと大出血を引き起こし、救急搬送が必要になることもあります。

胃・十二指腸潰瘍って、どんな病気？

　胃・十二指腸潰瘍は、胃酸などの胃壁を攻撃する因子と、胃粘液や血流などの胃壁を防御する因子のバランスが崩れることによって粘膜が傷ついたり、欠損する病気です。

　ストレスや喫煙は胃酸の分泌を増やすだけでなく、胃壁を守る粘液の分泌を減少させるため、胃壁の粘膜がただれてしまいます。また、非ステロイド性消炎鎮痛薬などの服薬や、日本人の約半数が感染しているといわれるピロリ菌によっても潰瘍が作られます（図表2-17）。

図表2-17 胃・十二指腸潰瘍の原因

1 薬物
2 ピロリ菌
3 薬物でもピロリ菌でもない
　■ ストレス
　■ 暴飲暴食
　■ たばこ

胃・十二指腸潰瘍の症状って?

　胃潰瘍では食後に腹部の上部やみぞおちの辺りに痛みを感じ、空腹時に痛みが強くなることがあります(図表2-18)。しかし、潰瘍の部位によっては、食後に痛みを感じることもあります。

　十二指腸潰瘍では痛みが空腹時に発生し、食事をとると軽減するのが特徴です。このため、夜中に痛みが出ることもあります。

　吐き気や胸やけなどの症状として現れることもあります。

　潰瘍からの出血がある場合は、タール便が排泄されます。タール便は消化器上部で出血した血液が大腸を通り、便として排泄されたもので、黒いタールのような形状で、強烈なにおいを放ちます。

　出血量が多い場合は、血液を嘔吐します。これを吐血といいます。

図表2-18　胃・十二指腸潰瘍の痛みの部位

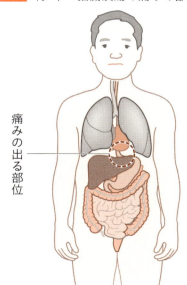

胃・十二指腸潰瘍の治療は？

　ピロリ菌に感染している場合は、ピロリ菌の除菌治療を行います。
　非ステロイド性抗炎症薬が原因と考えられる場合は主治医に報告し、薬を変えてもらうなどの対応をお願いしましょう。
　原因がはっきりせず、ストレスなどが疑われる場合は、消化性潰瘍治療薬などの薬による治療が行われます。出血が多く、穿孔した（胃に穴が開いている）場合には、手術が必要になることもあります。
　薬物療法としては、胃酸分泌を抑制する目的でプロトンポンプ阻害薬やＨ２ブロッカーなどの消化性潰瘍治療薬が用いられます。

胃・十二指腸潰瘍の人の生活は？

　胃壁の血流を悪くするため、禁煙を心がけなければなりませんが、ストレスも大敵ですので、禁煙に向けて上手な働きかけが必要です。
　胃・十二指腸潰瘍のある人の食事は、胃壁への刺激が少なく、消化によいものにする必要があります。
　1回摂取量も、胃に負担のかからない8分目がよいでしょう。
　あまり熱いものを摂取するのもよくありません。適温にしてから食べるようにしましょう。
　カフェインのとりすぎも胃壁に負担となります。お茶、コーヒー、紅茶など、カフェインを多く含む食品は避けるようにしましょう。
　ストレスをかけない生活を心がける必要があります。
　服用している薬の副作用が原因で潰瘍ができることもありますので、心窩部の痛みや吐き気などがみられた時は、主治医に相談してください。消化器粘膜を守る薬の処方などを頼みましょう。

ケア上のポイント

●胃・十二指腸潰瘍と診断された場合は、食事内容に気をつけましょう。

- 喫煙やストレス、多量のカフェイン摂取などを避けた生活の確保を心がけましょう（図表2-19）。
- 何となく食欲がない、みぞおちの辺りに手を添えているなどをみかけた時は、服薬している薬の種類を確認し、主治医に連絡しましょう。
- タール便や吐血がみられた時は、急いで医療機関を受診してください。
- ピロリ菌は胃がんの発生リスクも高めます。菌の有無の検査を受けるように勧めましょう。
- ピロリ菌の除菌薬は健康保険適応となっています。
- ピロリ菌は上部消化管以外にも感染し、心筋梗塞、アルツハイマー病、関節リウマチなどさまざまな病気との関連性が疑われていますので、早めの除菌を心がけましょう。

図表2-19 食品中のカフェイン濃度

食品名	カフェイン濃度	備考
エナジードリンク又は眠気覚まし用飲料（清涼飲料水）	32〜300 mg/100 mL（製品1本当たりでは、36〜150 mg）	製品によって、カフェイン濃度、内容量が異なる。
インスタントコーヒー（粉末）	1杯当たり80 mg	2 g使用した場合
コーヒー（浸出液）	60 mg/100 mL	浸出法：コーヒー粉末10 g、熱湯150 mL
紅茶（浸出液）	30 mg/100 mL	浸出法：茶葉5 g、熱湯360 mL、1.5〜4分
せん茶（浸出液）	20 mg/100 mL	浸出法：茶葉10 g、90℃ 430 mL、1分
ほうじ茶（浸出液）	20 mg/100 mL	浸出法：茶葉15 g、90℃ 650 mL、0.5分
ウーロン茶（浸出液）	20 mg/100 mL	浸出法：茶葉15 g、90℃ 650 mL、0.5分
玄米茶（浸出液）	10 mg/100 mL	浸出法：茶葉15 g、90℃ 650 mL、0.5分

＋α 胃・十二指腸潰瘍の人に出会ったら

- ピロリ菌の検査を進める
- 口からだけではなく、便としても血液が出ることを知っているかを確認し、便の形状も知らせる

09 胆石症・胆嚢炎

> **POINT**
> 胆石は、コレステロールやビリルビンカルシウム（胆汁中の物質）の塊（結石）です。胆嚢炎の原因となります。

胆石症・胆嚢炎って、どんな病気？

　胆石症は、脂質異常症や脂肪の多い食習慣、急激なダイエットなどによって胆嚢(のう)や胆管に結石ができる病気です。

　胆石症は、同じような食習慣を続けると、再発の危険性が高い病気です。

　胆嚢炎は胆嚢に生じた急性の炎症で、胆管に胆石が詰まり、胆汁が排出されずに胆嚢にたまり、細菌に感染して起こります。

図表 2-20　結石のできる部位

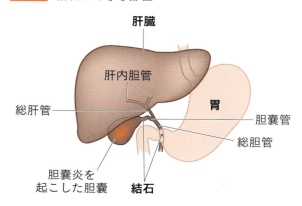

胆石症・胆嚢炎の症状って?

❶胆石症
　過労や脂肪の多い食品の食べすぎなどによって、右脇腹（右季肋部）やみぞおち（心窩部）に激しい痛みの他、悪心・嘔吐が起こります。
　痛みの発作は食後1〜2時間たって急に起こる場合が多く、数分でよくなることも、数時間持続することもあります。

❷胆嚢炎
　胆嚢炎を発症すると、上腹部の痛みの発作の後に悪寒、38℃の発熱、全身倦怠感のほか、黄疸がみられる場合もあります。
　高齢者の場合は、重症化すると意識障害やショック症状を起こし、死亡することもあります。

胆石症・胆嚢炎の治療は?

❶胆石症
　胆石症は、痛みが出ていない場合は治療の対象にはなりません。
　痛みのある胆石症の場合は、胆道疾患治療薬のウルソなどによる胆石を溶解する治療が行われます。
　手術治療の対象になることもあります。衝撃波を体外から当て、胆石を砕き小さくして自然排出できるようにする方法（体外衝撃波砕石術）、内視鏡を挿入し、内蔵された器具によって胆石を砕石する方法（内視鏡的砕石術）が行われます。

❷胆嚢炎
　まずは抗生物質が投与され、胆嚢炎が重症の場合は、胆嚢摘出術を開腹あるいは腹腔鏡下で行います。

図表2-21 胆石を作りにくい食物

食物繊維（特に水溶性のもの）	ビタミンCを多く含む食物
●エシャロット ●豆類 ●ゆず（果皮） ●きんかん ●ごぼう ●レモン ●あしたば ●オクラ ●なの花	●赤ピーマン ●ゆず（果皮） ●アセロラジュース ●レモン ●ゴーヤ ●キウイ ●柿 ●いちご ●ブロッコリー ●ピーマン

胆石症・胆嚢炎の人の生活は?

　再発しやすい病気のため、胆石を作りにくくする生活が必要です。

　胆石を作りにくくするためには、適切な食習慣が必要です。コレステロールや脂質の多く含まれている食品は避け、繊維質を多く含む食品や魚介類をとるようにしましょう。

　アルコールやコーヒー、香辛料などの過剰摂取は控える必要があります。

　ストレスは、消化器の働きを悪くするため、胆汁が胆嚢にとどまり、胆石が作られやすくなります。規則正しい生活と、無理のない運動を行い、ストレスをためないことが必要です。

　無謀なダイエットは、胆石を作りやすくします。

ケア上のポイント

●胆石症の既往の有無を確認しておき、家族だけでなく、利用者にかかわる全員に再発の危険性の高いことを知らせましょう。
●既往があった場合は、食後数時間での腹痛や背部痛、発熱、黄疸などの症状がみられたら、すぐに主治医に連絡します。
●日常生活では、食事に気をつけ、コレステロールや脂質の多い食事は避けるようにしましょう。

- 便秘は胆汁がうっ滞する原因になるので、日ごろから排便についても注意しましょう。
- 栄養士の指導も受けることが望ましいです。

胆石を作りやすい食事
- 高コレステロールの食事
- 低たんぱく食などの低栄養の食事

その他の身体にできる石　COLUMN

　肝臓の周りでは胆石の他に、できる場所によって総胆管結石、胆嚢管結石などがあります。また、全く別の場所で腎臓と尿路にも結石ができます。

　腎臓系の結石の原因は、水分摂取量が少なかったり、硬水といわれる含有物の多い水を飲み続けることなどによって起こります。また、図表2-21の食品を多くとることで、結石ができにくくなります。

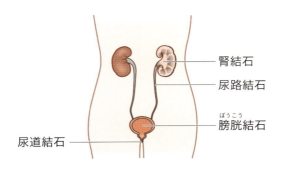

10 肝炎・肝硬変

> **POINT**
> わが国では、アルコール性ではなく、ウイルス感染が原因の肝炎が多くみられます。進行すると肝硬変、肝がんになる可能性が高くなります。

肝炎・肝硬変はどんな病気?

❶肝炎
　肝臓の働きは、私たちの身体に必要なたんぱくの合成と栄養の貯蔵、有害物質の解毒と分解、食べ物の消化に必要な胆汁の合成・分泌です。

アルコール性肝炎
　アルコールの大量摂取を長年継続すると、徐々に肝機能が低下し、慢性の肝炎を発症します。

ウイルス性肝炎
　ウイルス性肝炎には、水や食べ物によって感染するA・E型と、血液や粘液によって感染するB・C型があります。
　わが国の場合ほとんどがBとC型の肝炎ウイルスに感染したことで発症します。これらの肝炎は粘液や血液によって感染します。感染当初は急性肝炎の症状が出ますが、C型肝炎では時に慢性肝炎に移行し、徐々に肝細胞が萎縮して肝硬変になることもあります。

❷肝硬変
　肝硬変は、萎縮して線維化した肝細胞に結節ができて硬い組織となり、肝機能が低下します。肝硬変だけでも肝不全となって死に至ることもありますが、肝硬変の肝細胞はがん化しやすい状態のため、肝がんに移行する場合があります。

図表 2-22 肝炎から肝がんへ

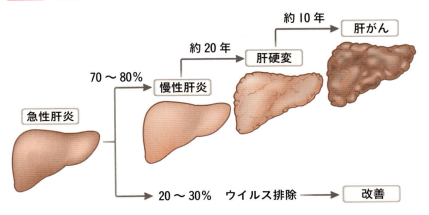

肝炎・肝硬変の症状って?

❶肝炎

　肝炎には、急性期と慢性期があります。感染直後の急性期は発熱、全身倦怠感、褐色尿、食欲不振、黄疸などがみられ、時に腹水や下腿浮腫を伴うことがあります。また、大変まれではありますが、劇症肝炎に移行し、数日内に死亡することもあります。

　慢性肝炎は、急性期を経過して6か月以上肝機能障害が持続している場合をいいます。症状としては、漠然とした体調不良（倦怠感）、食欲不振、疲労感などですが、自覚症状が乏しい場合もあります。

❷肝硬変

　肝機能が低下し、強度の全身倦怠感、食欲不振、体重減少、出血傾向、黄疸、腹水、浮腫がみられます。腹部静脈瘤の怒張から、時に静脈瘤の破裂が起きたり、肝性脳症、肝不全から肝性昏睡に至ることもあります。

肝炎・肝硬変の治療は?

❶肝炎

急性期には安静の確保と、食事療法および薬物療法が行われます。

安静は、入院治療によって確実に確保されなければなりません。入院中は、ベッド上の生活となり、肝臓への血流の確保を保持するようにします。

食事療法としては、肝臓に負荷のかからないように低たんぱく食とし、カロリーは油分や炭水化物によって確保するようにします。

薬物療法は、炎症を抑えるために副腎皮質ステロイド薬が処方されます。

慢性期には、薬物療法を中心に、肝臓に負担をかけない生活を送るようにし、症状を緩和するようにします。

薬物療法として、インターフェロンなどの抗ウイルス薬などの新薬によって、肝炎の完治が期待できるようになりました。

❷肝硬変

失われた肝機能はどのような治療をしても元の状態に戻すことはできません。残された肝機能を少しでも改善させる抗ウイルス薬の継続と、症状を抑えるための対症療法、または肝移植が肝硬変への治療法です。

腹水やむくみがある場合は、塩分をとりすぎないようにして、利尿薬を使用します。

かゆみが出ている場合は、つめを切ってかかないように注意し、清潔を保持し、ヨモギローションなどでかゆみを抑えるようにします。睡眠障害などを伴うかゆみがある場合は、経口掻痒改善薬が処方されます。

腹水が大量にたまった場合は、腹水穿刺を行い、腹水を抜くこともあります。

便秘は肝性脳症を引き起こしやすくするため、食事内容に注意するとともに、主治医に相談しましょう。

肝炎・肝硬変の人の生活は?

❶肝炎

急性期の症状がおさまれば、飲酒や暴飲暴食、過度な運動などを避ければ、日常生活は普通に送ることができます。

ウイルス性肝炎

周りの人間に感染しないよう、利用者自身や家族だけでなく、介護にあたるすべての人間が感染経路を理解し、注意すべきところを頭に入れておきましょう。

肝炎は多くの場合、感染による病気です。B型肝炎ウイルスとC型肝炎ウイルスは、排泄物(唾液、痰、鼻水、便、嘔吐物など)、体液(血液、尿、粘液)などを触った時に、指に傷などがあると感染することがあります(図表2-23)。

歯ブラシやタオルなどは、人との共有を避ける必要があります。個人用とし、洗濯も別に行いましょう。

鼻血やケガなどで出血した場合は、利用者本人が処置する場合は血液がどこかにつかないように注意し、血液のついたものはビニールなどに入れて廃棄し、手洗いを十分に行いましょう。

図表2-23 ウイルスの居場所と侵入経路(B、C型)

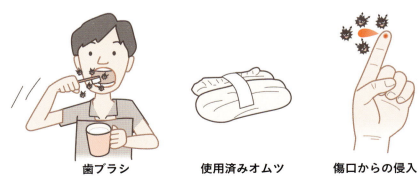

歯ブラシ　　　使用済みオムツ　　　傷口からの侵入

❷肝硬変

　肝硬変が進行すると腹水がたまり、食欲の低下や息苦しさなどを自覚するようになります。また、医師からは肝炎の食事制限に加え、塩分や水分の制限も加わり、より食事に対する楽しみが見出せなくなる可能性があります。

　さまざまな制限のある中ですが、少しでも食事に喜びが見出せるよう、調理などに工夫をしましょう。

　腹部膨満感(ぼうまんかん)や便秘などの症状も出ます。下剤の使用法など主治医から指示をもらいます。

ケア上のポイント

- 利用者の排泄物は、たとえそれが少量であっても介護者は手袋を使い、排泄物は、ティッシュなどにくるんでビニールに入れて捨てるようにしましょう。
- 利用者や家族がむやみに感染を恐れることがないよう、感染経路を繰り返し説明します。
- 利用者の身体の変化を見逃さないようにしましょう（便秘をしていないか、黄疸や腹水はないかなど）。
- 長期にわたる進行性の病気のため、利用者の精神面にも気を配りましょう。
- 肝硬変になっている場合は、静脈瘤が破裂することがあります。腰痛や腹痛、意識障害などがみられた時は、速やかに医療機関を受診しましょう。
- 介護の現場で感染が起こることはほとんどありません。感染を理由に介護サービスが受けられないことがないように調整しましょう。

感染しない代表的な日常生活行為

- 会話
- 握手
- 会食（一つ盛りの皿から取って食べても大丈夫）
- 血液や体液のついていない、いす、床、ドアノブなどに触ること
- 血液や体液のついていない、食器や筆記用具の共用
- 血液や体液のついていないトイレに座ること

B型肝炎の寝たきり高齢者（Aさん）への介護時の注意点 COLUMN

①排泄

おむつを取り替える時は手袋をし、清拭をする場合はAさん専用のタオルや洗面器などで行います。排泄物は感染源ですので、使用済みのおむつはビニール袋に入れ、袋を空けてはいけないことがわかるように、何らかのマークをつけます。使用済みの物品は、洗浄後にしっかりと乾燥させます。

②洗面

Aさん専用の洗面用の洗面器、タオル、歯ブラシ、コップなどを用意します。

介護者は、おむつの時とは異なる手袋と、マスクを装着します。

洗面後には使用した物品を洗浄し、乾燥させます。

③食事

Aさんへは食事介助が必要です。その場合、介護者は手袋とマスクを着用しましょう。Aさんの唾液は感染源ですが、必要以上に怖がる必要はありません。介護職としてAさんの立場に立ったケアを提供しましょう。食後の食器は、きちんと洗浄し、乾燥させます。

④レクリエーション

全く問題はありません。感染源は血液と体液です。それらに触れる可能性がなければ、楽しい時間を送りましょう。

⑤清拭

Aさん専用の洗面器、タオル、バスタオル、石鹸などを使用します。

介護者は手袋を着用し、素早く清拭を行い、使用した物品は、洗面、おむつ交換と同じように処置します。

11 糖尿病

> **POINT**
> 糖尿病は血液が高血糖となる病気です。
> 血糖値は高い状態が続くと、腎不全や失明、末梢神経障害などの合併症を起こします。

糖尿病って、どんな病気？

　糖尿病には、1型糖尿病と2型糖尿病の2種類があります。1型糖尿病は自己免疫によって膵臓の細胞が壊れ、インスリンが放出されなくなる病気です。

　2型糖尿病は、遺伝的要素に肥満や運動不足、ストレスなどが誘因となって発症する病気で、インスリンの分泌量が減少したり、機能が落ちてしまう病気です。

　インスリンは、膵臓で作られる血糖値を下げるホルモンで、分泌が少なくなったり、機能が落ちることで、血糖値の高い状態が続き、末梢の血管を傷つけます。

　糖尿病は血糖のコントロールを適切に行わないと、細小血管障害である糖尿病性網膜症、糖尿病性腎症、糖尿病性神経障害の3大合併症だけでなく、大血管障害である脳梗塞や心筋梗塞なども引き起こし、死に至る病気です（図表2-24）。

糖尿病の症状って？

　糖尿病の初期段階では、のどがよくかわき、大量に飲水し、大量の尿を排泄する、体重が減少する他は自覚症状がありません。

　5年ほど経過すると徐々に神経障害、網膜症、腎症が出現し、次のような違和感を感じるようになります。

・足先のしびれや接触感の異常
・痛みや熱に対する感覚が鈍くなるため、けがや火傷に気づきにくくなり、ま

11 糖尿病

図表2-24 糖尿病が引き起こす合併症

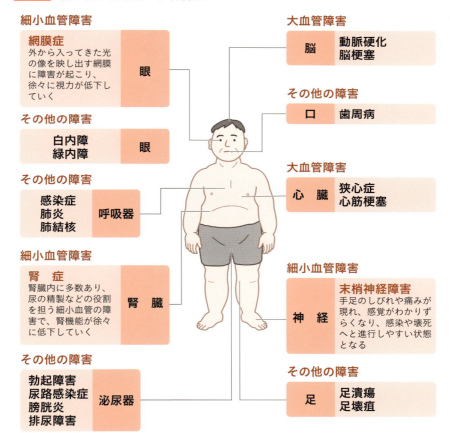

た治りにくくなる。
・立ちくらみを起こす
・胃部不快感、便秘、下痢などを起こす
・異常に汗が出たり、暑いのに汗が出なかったりする
・勃起障害（ED）の出現

図表 2-25 糖尿病治療の流れ

● まずは食事療法と運動療法

バランスのよい食事 ＋ 健康的な運動

2型糖尿病の主な原因は肥満、過食、運動不足によるものなので、食事と運動で肥満の解消をめざす。

→ 血糖コントロールがうまくいかない場合、薬物療法を加える

バランスのよい食事 ＋ 健康的な運動 ＋ 血糖降下薬

基本の食事と運動だけでは十分な血糖コントロールができない場合に薬物療法を補助的に行う。基本の食事と運動を必ず継続する。

→ さらに血糖コントロールがうまくいかない場合、インスリン注射を開始する

バランスのよい食事 ＋ 健康的な運動 ＋ 血糖降下薬 ＋ インスリン注射

インスリン注射は、基本的に膵臓からのインスリン分泌がほとんどない場合に行う。1型の場合はインスリン注射は必須。

糖尿病の治療は？

糖尿病の治療の基本は、食事療法と運動療法、薬物療法です（図表2-25）。

摂取する糖分と運動によって消費する糖分の量をコントロールし、血糖値をある程度一定に保つようにします。

食事、運動療法に取り組んだうえで、経口血糖降下薬やインスリン自己注射をすることになります。

【インスリン自己注射】

血糖値を下げるために、利用者や家族がインスリン製剤を注射する治療法のことで、図の部位に注射をします（図表2-26）。同じところに打ち続けると皮膚が硬くなったり赤くなってむくんだようになることがあります。このようになると薬の吸収が阻害されることもあるので、注射する場所の順番を決めて、変えていくようにします。

アルコールで消毒をした皮膚に直角になるように注射器を当て、注入ボタンを最後まで押します（図表2-27）。また、注射し終わった針は、1回ごとの使い捨てですので、速やかに廃棄します。

図表2-26　注射部位

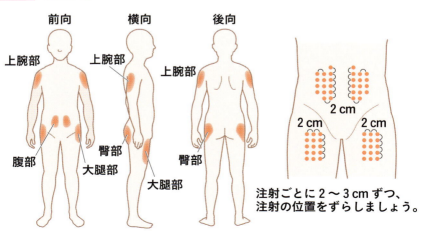

注射ごとに2〜3cmずつ、注射の位置をずらしましょう。

図表2-27 注射器の刺し方

糖尿病の人の生活は?

　糖尿病の病態や血糖値によって、摂取するカロリー、運動量、薬物の量と摂取時間を医師が決めるので、それらを守って生活しましょう。
　適切な食事量、運動量を把握し、実行します。
　薬物療法に取り組んでいる場合は、自分で血糖値を測定後、ノートに記入するなどして、自分の生活を把握しましょう。
　低血糖発作とは、薬物療法中の空腹時に起こるもので、顔面が蒼白になったり、動悸を伴いブルブル震えたりします。すぐに糖分をとる必要があります。
　低血糖発作時は、本人はもちろん、介護者や家族も、糖分の入ったジュースを飲ませる、砂糖をなめさせるなどの対応をします。
　イベントや外出などによって、通常の食事量と運動量を確保できない時があります。また風邪をひいたり、具合が悪く食事が食べられなかったりする時（シックデイ）の対処法を主治医に聞いておき、本人だけでなく、家族や介護者も把握しておくようにしましょう。

ケア上のポイント

●利用者がどの程度の糖尿病なのかを把握したうえで、食事内容、運動量、薬物療法が医師の指示どおりに守られているか、常に確認します。
●食事療法

図表2-28 主な低血糖の症状

血糖値	主な症状
60 mg/dL 以下	交感神経刺激症状 （発汗、手指振戦、動悸、顔面蒼白）
45 mg/dL 以下	中枢神経刺激症状（頭痛、目のかすみ）
40 mg/dL 以下	傾眠
30 mg/dL 以下	けいれん、昏睡

　本人のほか、家族や調理をする人間が、栄養士の指導を受け、摂取カロリーを把握し、調理法を工夫しているか確認します。

●運動療法

　血糖値を下げる有酸素運動（散歩など）や筋力トレーニングなど、利用者の取り組み状況も押さえておきましょう。

●常に低血糖発作を起こす可能性を考慮し、本人だけでなく家族や介護者全員で症状を認識して対処法を把握しておきましょう（図表2-28）。

●インスリン注射をしている利用者に対しては、血糖値をきちんと測っているか、同じ場所にばかり注射していないかを確認します。

●使用途中のインスリンは涼しいところに保管し、未使用のインスリンは冷蔵庫に保管していることを確認しましょう。

●日ごろから足先の色、むくみの有無を常に注意し、少しでも異常を感じた時は速やかに主治医に連絡するようにします。

●傷ができると治りにくいので注意しましょう。

●糖尿病性神経障害、糖尿病性腎症および糖尿病性網膜症は介護保険の対象となる特定疾病です。40〜64歳の第2号被保険者も認定が受けられます。

糖尿病の飲み薬

■インスリンを出しやすくする薬（ダオニール、グルファストなど）

■インスリンを効きやすくする薬（ジベトス、アクトスなど）

■糖の吸収や排泄を調整する薬（グルコバイ、スーグラなど）

12 痛風

> **POINT**
> 痛風は、突然発症し足指関節などに激しい痛みを伴う関節炎を起こします。放置していると、腎機能障害を起こすことがあります。

痛風って、どんな病気?

　痛風は、血液の中の尿酸値が高いこと（高尿酸血症）が長期間続くことで発症する、男性に多くみられる病気です。

　尿酸は、体内にあるプリン体という物質が体内で代謝された時に老廃物として作られる物質です（図表2-29）。

　尿酸が体内で大量にできたり、うまく排泄されないことで高尿酸血症となります。

　高尿酸血症の状態が続くと、尿酸が血液中から出て尿酸塩となり、この尿酸塩が関節や腎臓にたまることで、痛風性関節炎を起こしたり、尿路結石を作ります。

痛風発作時の症状って?

　足の母指の付け根の関節の他、足の甲、手首、肘が急に腫れ、熱感・発赤を伴った炎症を起こし、強い痛みがあります。

　約1～2週間で症状は治まりますが、尿酸値が高いままだと、年に2～3回発作を起こすことがあります。

　時に尿管結石を作り、背部痛が出現します。痛みは結石がなくなるまで、強くなったり弱くなったりを繰り返します。

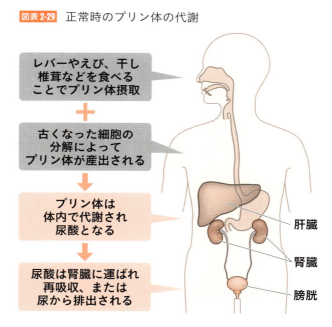

図表2-29　正常時のプリン体の代謝

痛風の治療は？

❶痛風発作の場合

痛風発作が起きている場合は、まずは痛みと炎症を抑えるために非ステロイド系抗炎症薬が使用されます。

痛みが治まった後には、尿酸値を下げるために病態に応じて尿酸排泄促進薬、または尿酸産生阻害薬が処方されます。

尿酸値を下げる薬は炎症を悪化させるので、発作時は服用しません。

プリン体を多く含む食品を大量に摂取しないようにします。

適正体重をオーバーしている場合は、減量します。

❷腎結石、尿路結石による痛みが出ている場合

体外衝撃波結石破砕術や経尿道的尿管結石砕石術、経皮的腎砕石術によって結石を小さくし、体外に出るようにします。

術後や手術をしない場合は、水分を大量に飲み、排尿量を多くすることで、尿と一緒に結石を排泄するようにします。

痛風の人の生活は？

痛みが治まった後も、尿酸値を下げる薬を主治医の指示どおりに飲み続ける必要があります。

高尿酸血症にならないための、プリン体を摂取しない食生活が必要です。

プリン体は、肉や魚の内臓類に多く含まれます。また、プリン体は、水に溶けるので、肉や魚からとったスープ（鶏がらスープなど）にも注意が必要です。

プリン体摂取量の目安は、1日400mgです。図表2-30を目安に、1日の献立を見直しましょう。

ビールはプリン体を多く含み、体内の尿酸値を上げるため、ビールを飲んだことが引き金となり、痛風発作を起こすこともあります。プリン体を含まないビールか、ワインなどを少量飲むことで我慢してもらいましょう。

暴飲暴食の禁止、バランスの取れた食事、適度な運動を行うことで、適正体重を保持するようにしましょう。

また、水分をこまめにとるようにしましょう。

図表2-30 食品中のプリン体含量（mg/100g）

極めて多い	300 mg〜	鶏レバー、マイワシ干物、イサキ白子、あんこう肝酒蒸し、干し椎茸、ニボシ、カツオブシ
多い	200〜300 mg	豚レバー、牛レバー、カツオ、マイワシ、大正エビ、オキアミ、マアジ干物、サンマ干物
少ない	50〜100 mg	ウナギ、ワカサギ、豚ロース、豚バラ、牛肩ロース、牛タン、マトン、ボンレスハム、プレスハム、ベーコン、ツミレ、ほうれん草、カリフラワー、かいわれ大根、ブロッコリー
極めて少ない	〜50 mg	コンビーフ、魚肉ソーセージ、かまぼこ、焼きちくわ、さつま揚げ、カズノコ、スジコ、ウインナーソーセージ、豆腐、牛乳、チーズ、バター、鶏卵、とうもろこし、ジャガイモ、さつまいも、米飯、パン、うどん、そば、果物、キャベツ、トマト、にんじん、大根、白菜、海藻類、なめこ、えのき、アーモンド

ケア上のポイント

- 飲酒が制限されたり、運動を促されたり、好みにかかわらず野菜中心の食事にされたりと、生活全体を見直す必要があるので、利用者本人が病気をきちんと理解できるように、本人だけでなく家族、介護者にも医療者からしっかり説明してもらいましょう。
- 食事の制限や服薬など、家族の協力も必要です。家族にも理解と協力を頼みます。この際、栄養士に介入してもらう必要性も考えます。
- 歩行の様子などが変わった時は、痛みが出ている可能性があります。異常を察知したら、速やかに医師に連絡するようにしましょう。

+α 痛風の合併症

- 高血圧
- 肥満
- 痛風結節
- 脂質異常症
- 尿路結石
- 慢性腎臓病

13 脂質異常症

> **POINT**
> 脂質異常症は血液中のコレステロールや中性脂肪が多くなった状態で、動脈硬化をはじめ、さまざまな病気を引き起こす原因になります。

脂質異常症って、どんな病気？

　脂質異常症は、遺伝的な体質に加え、油脂や糖分の多い食事、運動量の不足によって血液中の脂質量が多くなった状態です（図表2-31）。

　脂質にはLDL-コレステロール、HDL-コレステロール、中性脂肪があり、LDL-コレステロールは悪玉コレステロール、HDL-コレステロールは善玉コレステロールと呼ばれています。

　脂質異常症が長期間継続すると、全身の血管に動脈硬化を引き起こし、高血圧だけでなく、脳梗塞、心筋梗塞など重大な病気を引き起こすことになります。

　しかし、コレステロールや中性脂肪は図表2-32のように身体にとって大切な働きがあります。過度なダイエットにより摂取量が少なすぎると、十分な働きができず、身体に悪影響を与えてしまいます。

図表 2-31 脂質異常症が継続した血管

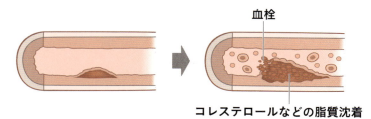

図表 2-32　コレステロールと中性脂肪の働き

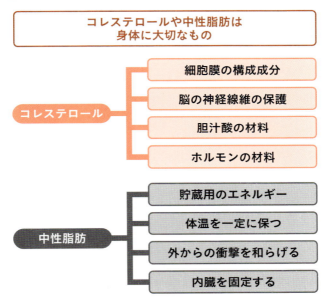

脂質異常症の症状って？

　自覚症状としては何もないので、健康診断などで血液検査を行った時に、初めて知ることになります。

脂質異常症の治療は？

　生活習慣の改善が治療の基本です。
　まず、食生活の改善です。LDL-コレステロールの少ない食事、HDL-コレステロールを多く含む食事、中性脂肪をとり過ぎない食事にします。また、食物繊維を多くとるようにして、食べ過ぎないようにします。
　それから、適度な運動（有酸素運動を1日30分程度行います）や禁煙、規則正しい生活を心がけます。遅い時間に飲食しないようにすることも大切です。
　さらに、適正体重の保持やストレスの解除、適量の飲酒を心がけます。ビール

はゼロカロリーなどにして、飲みすぎないようにします。
　薬による内科的治療では、スタチンなどの脂質異常症治療薬の継続服用によって、LDL-コレステロールを低下させます。

脂質異常症の人の生活は?

　脂質異常症の診断を受けた場合は主治医に相談し、日常生活の指導を受けます。検査を受けて、動脈硬化がどの程度進行してしまっているかを知っておくのも必要かもしれません。
　LDL-コレステロールを多く含む食品を避けます（図表2-33）。
　HDL-コレステロールを多く含む食品を献立に取り入れます
　・青魚（イワシ、サバ、サンマなど）
　・野菜（トマトなど）
　・コレステロールの排泄を助ける食品
　・繊維質（オクラ、キノコ類、根菜類など）
　中性脂肪の多い食品は、中性脂肪が高い時にはとりすぎないようにします。また、暴飲暴食を避けて適度な運動を続け、適正体重を保持し、禁煙を守ります。
　ストレスを回避するようにします。

ケア上のポイント

- 生活習慣が改善され、体重コントロールができていることを確認します。
- 薬が処方されている場合は、確実に服薬していることを確認します。
- 年に1、2回の検診を勧め、検査結果を本人、家族、介護関係者で共有し、コレステロールを下げるための具体的な計画を立てるのもよいでしょう。
- 食生活や生活全般を見直す必要があるので、利用者や家族が病気を理解し、前向きに取り組めるよう、医療者とも連携を取って支えるようにします。

図表2-33　LDL-コレステロールを多く含む食品

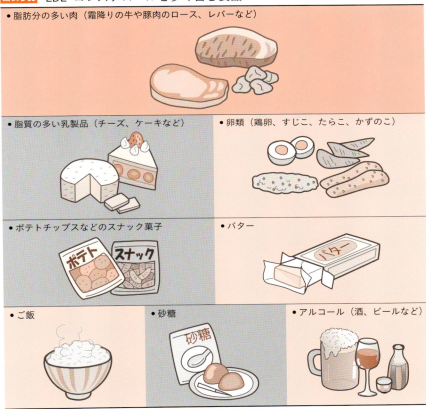

- 脂肪分の多い肉（霜降りの牛や豚肉のロース、レバーなど）
- 脂質の多い乳製品（チーズ、ケーキなど）
- 卵類（鶏卵、すじこ、たらこ、かずのこ）
- ポテトチップスなどのスナック菓子
- バター
- ご飯
- 砂糖
- アルコール（酒、ビールなど）

脂質異常症の診断基準

- LDL-コレステロール　140 mg/dL以上
「高LDLコレステロール血症」
- HDL-コレステロール　40 mg/dL未満
「低HDLコレステロール血症」
- 中性脂肪　　　　　　150 mg/dL以上
「高トリグリセライド血症（高中性脂肪血症）」

14 ノロウイルス感染症

> **POINT**
> ウイルスがついた食品を口にしたり、ウイルスのついたものを触ったり、ウイルスそのものを吸い込んで広がる感染力の高い感染症です。

ノロウイルス感染症って、どんな病気？

　ノロウイルス感染症は、ノロウイルスによる感染性食中毒の一種です。ノロウイルスは、乾燥した状態であっても、飛沫となって室温で1〜2週間生き延びることができるとても強いウイルスです。

　11〜4月にかけて感染者が多く、わが国でのウイルス性食中毒の中で第一位の感染者数となっています。

　医療施設や高齢者施設で毎年集団発生があり、高齢者などでは誤嚥や脱水による死亡例も出ています。

ノロウイルス感染症の症状って？

ノロウイルス感染症の症状は以下のとおりです。
- 水様の下痢便と吐き気、噴出するような嘔吐
- 38℃を超えるような発熱はほとんどみられない
- 症状は数日間継続し、自然に回復する

ノロウイルス感染症の治療は？

　ノロウイルス感染症には、ウイルスを根治する治療法はありません。

脱水を予防するため、水分摂取を勧めますが、口から摂取できない場合は、点滴などで補液を行います。

強い脱水がみられた場合は、入院治療となり、経静脈的補液療法が行われます。

ノロウイルス感染症の人の生活は？

水分摂取を心がけ、感染を広めないよう、自室で過ごすようにします。二次感染を防ぐために、以下のことに注意しましょう

便や嘔吐物の処置などを行う場合は、必ず使い捨てのマスク・手袋・エプロンを着用し、まず自分が感染しないようにします。

ノロウイルスはアルコールでは死滅しません。漂白剤などに含まれる塩素系の消毒薬を使用します。

衣服やリネン類を洗濯する時には、他の人のものとは分けて、薄めた塩素を入れて洗濯するようにします。

利用者が使用した食器は、使用後にまず塩素にひたし、消毒してから洗います。

利用者が触った可能性のあるドアノブ、受話器などは塩素系消毒薬で拭き取るようにします。

床についた下痢便や嘔吐物の処置は、乾燥する前にペーパータオルで拭き取り、塩素系消毒薬で拭き取るようにします。嘔吐物を拭き取ったペーパータオルなどは汚染を広げないようにまとめてビニール袋に入れて廃棄します。

ケア上のポイント

- 感染の拡大を防がなくてはなりません。
- 図表2-34の内容を介護者だけでなく家族も含めた全員で共有し、しっかりと実施しない限り、ウイルスを封じ込めることはできません。
- 下痢が続いている場合は、脱水になりやすいため、こまめに水分摂取を勧めてください。
- 食欲がない時は、水分摂取もつらいものです。声かけの回数を多くし、氷片や経口補水液を使用するなど工夫して摂取を勧めましょう。

図表 2-34 嘔吐物の処理、消毒方法

〈必要物品〉
- 塩素系漂白剤（次亜塩素酸ナトリウム）
- 使い捨てマスク・手袋・エプロン
- ペーパータオルや新聞紙
- ビニール袋（大・中　複数枚）
- バケツやペットボトルなど（バケツは2個）
- 手洗い用せっけん
- 消毒薬を作る

【バケツ・ペットボトル】塩素系漂白剤を水で薄めるために使用します。作り置きはせず、その都度作るようにします。0.1％塩素系漂白剤は、6％塩素系漂白剤を60倍に薄めることで作れます。

- バケツ
水 5 L
漂白剤 85 mL

- ペットボトル
水 500 mL
漂白剤 8.5 mL

- ウイルス専用のゴミ箱を作る
バケツにビニール袋2枚重ねて縁を覆うように入れる

①手袋、マスク、エプロンを装着する

②新聞紙またはペーパータオルを消毒薬にひたす

③軽く絞って嘔吐物の上にのせるようにする

④嘔吐物を広げないよう、周りから包み込むように拭いとる

14 ノロウイルス感染症

2 高齢者によくみられる疾患

⑤そのままウイルス専用のゴミ箱に捨てる

⑥汚れた場所を広い範囲でペーパータオルか新聞紙を置き、その上から0.1％の漂白剤を十分に振りかける（飛沫が飛び散っていることもあるので2m範囲で）

⑦床を拭き取るように紙を取り除き、ウイルス専用のゴミ箱に廃棄する

⑧紙ゴミの上からさらに0.1％漂白剤を散布し、手袋、マスク、エプロンも一緒に入れ、2枚重ねのビニール袋で密封して廃棄する

⑨石鹸を用いてしっかりと手洗いする

⑩窓を開け、換気を行う

嘔吐物の処理後

- 大まかに汚物を取り除いた後、汚染したと考えられる場所は0.1％塩素系漂白剤で消毒
- 周囲の壁、患者が触れたところは0.2％塩素系漂白剤で消毒
- 厨房に戻る食器や配膳車も消毒をすること
- 作業従事者は終了後、手洗いを忘れずに！

15 脳血管障害

> **POINT**
> 脳血管障害は、脳出血、くも膜下出血、脳梗塞など、脳の血管由来の脳神経障害の総称です（図表2-35）。

脳血管障害って、どんな病気？

脳血管障害は下記のとおりさまざまですが、どの病気も発作自体が命にかかわり、発作後にはさまざまな障害を残し、リハビリテーションが必要になります。

❶脳出血
脳内の血管が破れ、脳実質内に出血する病気です。

❷くも膜下出血
くも膜と脳実質の間の出血で、くも膜下に血液がたまることで起こります。

❸脳梗塞
- アテローム血栓性脳梗塞：動脈硬化が進んだある程度太い脳血管に血栓が飛んできて、血管が詰まって起こります。
- ラクナ梗塞：動脈硬化の結果、細い脳血管が詰まったり、何らかの浮遊物が飛んできて血管が詰まって起こります。

❹脳動脈瘤破裂
先天的な要因と高血圧の結果、血管壁の薄いところにこぶ状の瘤ができてしまい、この瘤が破れると、脳内に出血を起こします。

図表2-35 脳血管障害の種類

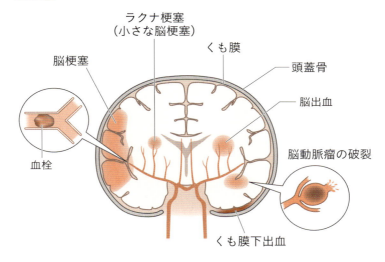

脳血管障害の症状って?

発作が起きたかもしれないと思った時は、すぐに救急要請をしなければなりません。

❶脳出血・くも膜下出血の発作直後および動脈瘤破裂時

脳出血・くも膜下出血の発作直後および動脈瘤破裂時の症状は、傷ついた血管の太さやダメージを受けた脳の部位によってさまざまです。

発作は突然に脳の血管が破れて激しい頭痛や悪心・嘔吐、時に意識障害が起こります。脳の運動野に障害が起これば半身のしびれや麻痺、言語野に障害が起これば言語障害、また顔の片側のハリが失われ、下に落ちてしまうなどが起こります。

どのような場合でも、発作時は早急に救急車を呼ばなければなりません。

❷脳梗塞の発作直後

脳梗塞発作も、脳出血の発作直後と同じような症状となりますが、予兆ともいえる症状が出ることもあります。半身のしびれや話しにくさ、よだれが出るなどの

症状が一時的に起こることを一過性脳虚血発作といいます。
　一過性脳虚血発作は、もうすでに細くなってしまっている血管に血栓が詰まり、何らかの具合でその血栓が流れて、血液の流れがもとに戻るものです。いつ脳梗塞に移行してもおかしくない状況ですので、そのような変化を認めた時には、速やかに脳の検査のできる病院に受診する必要があります（図表2-36）。

❸脳出血・くも膜下出血、動脈瘤破裂、脳梗塞の後遺症
　ダメージを受けた脳の部位や大きさによって、さまざまな程度の半身麻痺、失語症、高次脳機能障害などが後遺症として残ることがあります。それぞれの障害に適したリハビリテーションを受けましょう。

脳血管障害の治療は？

❶脳出血・くも膜下出血の発作直後および動脈瘤破裂時
　発作が起きてしまった場合は、病院ですぐに治療を開始する必要があります。まず全身状態を安定させるために、降圧薬の投与によって血圧などバイタルサインを安定させます。また、狭心症や脳梗塞の既往によって、血栓溶解薬を服用している場合は、その薬によって出血しやすい状態になっているため、薬の使用を中止します。
　以上のような処置をしても頭痛や悪心・嘔吐など、脳圧亢進症状が改善しないような場合は、頭蓋内にたまった血液の塊を除去する手術や、破れてしまった血管を補強するステント留置術などが行われます。

❷脳梗塞発作時
　発作が起きた場合は、病院で早急に血栓溶解薬を使用して血栓を溶かす治療を受けます。その他に、脳血管内治療（カテーテル治療）といって、詰まってしまった血管にカテーテルを挿入し、直接血栓を取り除いたり、小さくする手術があります。

15 脳血管障害

図表 2-36 突然起こる脳血管障害の症状

次のような症状を感じたらすぐに病院へ

片方の手足・顔の半分に麻痺・しびれがあり、力が入らず動かしにくい

ろれつが回らない、言いたいことが言えない、言葉が理解できない

片方の目が見えない、視野の半分が欠ける

激しい頭痛やめまいがする

力はあるのに、食事中に箸を落としたり、立てない、歩けないなど、バランスが取りにくい

脳血管障害発作後の生活は？

　入院した病院では急性期からリハビリテーションを開始していますが、多くの場合、リハビリテーション病院に転院した後で、自宅や施設への退院となります。

　残ってしまった後遺症を少しでも改善しQOLを高めることを目標に、日常生活動作がリハビリテーションとなるよう取り組みます。自宅や施設でも、手すりや段差、杖など補助具を使用し、できることは極力自分で行うようにします。

　嚥下機能が落ちている場合は、誤嚥しないような食事や、食前の口腔ケアおよびリハビリテーションをします。

　脳梗塞や脳出血などは、一度発作を起こすと、再発を起こす可能性が高くなります。血圧を140/90 mmHg 未満にすることが第一目標とされますので、毎日決まった時間に血圧測定をしつつ、降圧薬など処方された薬を忘れることなく服用しましょう。

　脳出血、脳梗塞は生活習慣病です。暴飲暴食や塩分を控えて、その他禁煙、節酒（1日平均日本酒1合未満）などの生活習慣改善に取り組んでいることを確認してください。食習慣の改善の他に、気温の変化、ストレス、急激な運動なども血圧を上げてしまうので、気をつけてもらいます。

　再発の可能性があることを、常に意識しておきましょう。手足のしびれやろれつが回らない、強い頭痛などがある時は、速やかに受診するように指導しましょう。

図表 2-37 再発予防のための生活

食事を改善する	納豆、青魚、植物繊維などを多く食べ、脂質の量を減らしましょう 塩分のとり過ぎに注意し、血圧を高くしないように
水分摂取を適切に	血液をサラサラに保つために、水分摂取は大切です 1日に汁物なども含めて1,500mLは飲むようにします
生活習慣を見直す	禁煙が必要です 入眠、起床時間を整えましょう 寒いトイレでいきむことは、血圧の上昇につながります。便秘には気をつけましょう
生活環境を整える	気温の急激な変化は、危険です。風呂場と脱衣所の気温差などは、湯船のふたを開けておくなどの対策を
薬物治療を守る	医師から処方された薬は、再発防止のためになくてはならないものです。忘れずにきちんと服薬するようにします

ケア上のポイント

- 退院後の自宅での生活に合わせた住環境整備も大切です。入院中から介護保険の利用も含めて準備を始めましょう。
- ただし、介護保険の住宅改修サービスは、入院中で自宅にいない場合は保険給付対象外ですので、注意が必要です。
- リハビリテーションの継続は、その後の人生を変えるほど重要です。不自由になってしまったからと身の回りのことに手を貸すのではなく、どのような工夫をすれば残存機能を使い本人が自分自身でできるのかを、本人も含めたチームで考え実施していくことが必要です。
- 食事の工夫や生活上の注意点に関しては、具体的な方法などの情報をチームで共有し、繰り返し家族に指導するようにします。
- 降圧薬など、処方された薬をきちんと飲んでいるか、症状の有無を本人・家族とともに毎日確認し、発作が起きた時の対応も確認しておきます。
- 不自由になったからといって、家の中に閉じこもっていては、精神的にもよくありませんので、デイサービスなどを利用しながら積極的に外に出て、人と接するように勧めましょう。
- 脳血管疾患は介護保険の対象となる特定疾病です。40〜64歳の第2号被保険者も認定が受けられます。

面接前の準備3箇条
- 情報提供は、介護支援専門員の役割
- 入浴用、食事用、調理用などさまざまな自助具を活用して、自立をめざす
- 住宅改修することで、自宅での生活がより安全で、自立したものになる

16 慢性硬膜下血腫

> **POINT**
> 頭部打撲をきっかけとして、硬膜と脳の間に血液が徐々にたまり、片麻痺や意識障害を起こす高齢者に多い病気です。

慢性硬膜下血腫って、どんな病気?

　転んで頭をぶつけたなどの軽度の外傷によって頭蓋内で出血が起こり、3〜6週間かけてゆっくり出血し続けたことで硬膜下に血腫ができる病気です（図表2-38）。血腫は次第に脳を圧迫して、頭痛、嘔気、嘔吐、片麻痺、認知症のような症状も起こします。

　本人は、たいしたことはないと、もともとの外傷があったことを忘れていることも多く、症状自体も徐々に出てくることが多いため、なかなか診断されないこともあります。

　アルコールの多飲、脳の萎縮、抗凝固薬の服用、水頭症の手術後、透析を行っているなどは、発生しやすい状態ということができます。

慢性硬膜下血腫の症状って?

　物忘れがある、足の動きが悪くトイレに間に合わない、会話がちぐはぐで、なかなかかみ合わない、片麻痺があるなどの認知症のような症状が徐々に出現します。

　血腫が脳を圧迫していくことで、悪心・嘔吐がみられることもあります。

16 慢性硬膜下血腫

図表2-38 硬膜下血腫

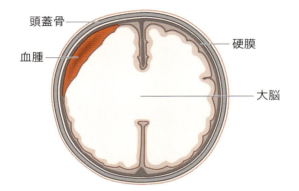

慢性硬膜下血腫の治療は?

手術によって、硬膜下血腫を取り除く治療法が基本となります。

適切な時期に手術で血腫を取り除けば、それまであった症状がほぼ消失する場合もあります。

出血が少量の場合は、血液が吸収されるのを待ちながら経過観察を続けることもあります。

ケア上のポイント

- 利用者本人は、自分の体調の変化と頭のけがを関連づけて捉えることはできません。頭をぶつけたなどのエピソードがあった場合は、必ず伝えてもらうようにします。そして、「硬膜下血腫」という病気があることを本人だけでなく家族にも説明し、その後の変化に注意するようにしましょう。
- 血栓溶解薬を服用している高齢者が急に認知症のような状態になった場合も、どこかで頭をぶつけているかもしれません。身体に打撲の跡がないか調べてください。また、主治医と相談するよう、家族に働きかけてみましょう。

- 手術治療を行って退院した後に、また症状が出てくることがあります。手術後に再出血した時や完全に血腫を取り切れなかった場合などです。再発する危険性を家族、介護者で認識して、注意深く観察していく必要があります。

図表2-39 高齢者などで慢性硬膜下血腫を疑ったほうがよい症状

- 転倒をきっかけに、急に認知症状が出てきた
- 今まで認知症があった方の症状が急に悪化した
- これまで歩いていた方が急に歩けなくなった
- 箸が使いづらくなり一人で食事がとれなくなった
- 片側の手足のしびれが出て動きが悪くなった
- 動きが緩慢で失禁するようになった
- 会話がちぐはぐでかみ合わなくなった
- ろれつが回らなくなり、言葉が出にくくなった

+α 高齢者の転倒について

- 高齢者は、転倒することでさまざまな部位が骨折したり、硬膜下血腫となる危険性がある
- 下肢の骨折や硬膜下血腫などは、寝たきりにつながる
- 危険性を事前に把握し、転倒しないように環境を整えることが何よりも大切

早期診断の重要性

COLUMN 2

　転倒などをきっかけに症状が出てきた場合には、慢性硬膜下血腫を疑うことです。さらに、高齢者が急に認知症の症状を呈する場合は、転倒のあるなしにかかわらずこの疾患を疑うべきです。転んだことを覚えていないことも多く、上肢や下肢に皮下出血などがないかを確認することも必要でしょう。

　最近、筆者が往診している介護施設で、96歳の方が転倒してこの疾患となり、手術に至った例がありました。血腫がかなり大きく、意識障害も起き、放置すれば命にかかわる程度となったため、紹介先の病院で手術をしました。術後の回復は順調で意識も回復して自力で食事もとれるようになりました。

　正しく診断され、適切な治療が行われれば完治するので、まず慢性硬膜下血腫という疾患があることを念頭に置いてください。そして、早期に診断ができるよう、医療機関を受診してもらうなどの適切な判断をしてください。

出典：苛原　実『「慢性硬膜下血腫」訪問医が教える医療知識 第15回』p57, ケアマネジャー, 14 (6), 2012年

17 パーキンソン病

> **POINT**
> 手の震えや歩行困難など運動障害を起こす進行性の病気で、日常生活動作（ADL）が著しく低下して寝たきりになることがあります。

パーキンソン病って、どんな病気?

　パーキンソン病は、脳の黒質細胞が異常をきたすことでドーパミンという物質が減少してしまう脳の機能障害です。1,000人当たり1～1.5人に発症しますが、原因はわからず完治させるような治療法も現在のところありません。

　病気の進行のスピードや症状の出るスピードは人によって異なります。パーキンソン病の重症度は、図表2-40のように分類されています。

図表2-40　ヤールのパーキンソン重症度分類

Ⅰ度	障害は身体の片側のみで、日常生活への影響はほとんどない
Ⅱ度	障害が身体の両側にみられるが、日常生活に介助は不要
Ⅲ度	明らかな歩行障害が現れ、バランスを崩し転倒しやすくなる
Ⅳ度	日常生活の動作が自力では困難で、その多くに介助が必要
Ⅴ度	車いすまたはベッド上で寝たきりで、日常生活では全面的な介助が必要

パーキンソン病の症状って?

　パーキンソン病の4大症状といわれる、振戦、固縮、無動、姿勢反射障害（図表2-41、42）の他、睡眠障害や起立性低血圧によるふらつきや便秘、うつ病や認知症といった精神障害などさまざまな症状が出ます。進行に伴って、運動機能はさらに障害され、徐々に寝たきりとなっていきます。

17 パーキンソン病

図表 2-41 パーキンソン病でよくみられる姿勢

2 高齢者によくみられる疾患

図表 2-42 パーキンソン病の4大症状

静止時振戦
じっとしている時に手足がふるえる

筋固縮
筋肉がこわばる

無動・固縮
動作が遅くなる

小声

姿勢反射障害
バランスを崩した時に反射的に立て直せない

- 静止時振戦：「安静時振戦」「休止時振戦」ともいいます。リラックスしている時に手や足がかってに震え、動かすと震えは小さくなります。
- 筋固縮：筋緊張が亢進した状態で、他動的に動かそうとすると強く抵抗が生じます。
- 無動・固縮：動きたいのに動けなくなってしまう状態で、声も小さくなります。
- 姿勢反射障害：転倒の原因となり、骨盤骨折や大腿骨骨折の要因です。

パーキンソン病の治療は？

　パーキンソン病の基本的な治療法は、脳内で不足してしまったドーパミンを補うことが、症状の進行を遅らせるために有効とされています。

　初期の段階ではドパストンなどのレボドパ含有製剤のほか、メネシットなどのドーパミン補充薬、ミラペックスなどのドーパミン受容体刺激薬を使用しますが、病状が進行すると、薬剤の効きが悪くなります。ウェアリング・オフ（On-Off）現象やジスキネジアが現れるため、ドパストンなどのレボドパ含有製剤の他、コムタンなどのCOMT阻害薬が処方されます。

副作用

- ウェアリング・オフ現象：ドーパミンを補充する薬を長期間服用している場合、効いている時間が徐々に短くなることで、1日のうちでも薬の効いている時間帯と、効いていない時間帯ができることです（図表2-43）。
- ジスキネジア：自分の意思とは関係なく、手足が動いてしまうこと（不随意運動）です（図表2-44）。
- 悪性症候群：パーキンソン病の薬の服薬を急に止めることで起こる、意識障害や発熱、頻脈などを伴う生命にかかわる状態のことです。

　また、手術療法も行われます。脳内に電波刺激を出す器具を埋め込む手術です。ウェアリング・オフ現象やジスキネジアがみられるようになってしまった場合に、それらの状態を鎮めるために行われます。

17 パーキンソン病

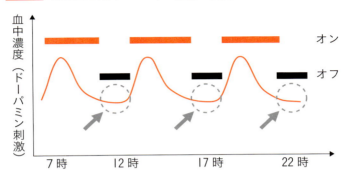

図表 2-43 服薬によるドーパミン刺激の変化とウェアリング・オフ

出典：村田美穂「パーキンソン病・パーキンソン症候群の在宅ケア」中央法規出版，p202，2016

図表 2-44 ジスキネジア

口をモゴモゴと動かす

手足がかってに動く

パーキンソン病の人の生活は？

　手足が思うように動かなくなってくるので、室内での転倒を予防するため、段差や滑りやすい所などに手すりをつけるなど、安全のための工夫が必要になります。

　進行性の病気のため、処方されている薬をきちんと飲んでいてもウェアリング・オフ現象やジスキネジアがみられるようになります。家族だけでなく、介護に携わる人全員で情報を共有し、進行の早期発見に努めましょう。

服薬を止めてしまうと、悪性症候群という大変危険な副作用を引き起こします。処方されている薬がきちんと服薬されていることを確認しなければなりません。

　固縮や無動時には、会話がしにくいだけでなく、飲み込みも悪くなります。食事時間や食事内容は、症状の有無を確認しながら調整します。薬の効いていない時間帯は、運動能力がひどく低下します。入浴も危険な行為になりますので、状態を確認して入浴時間を決めましょう。パーキンソン病は高い確率で認知症を併発します。また、レビー小体型認知症は、パーキンソン病を併発することが多いです。

ケア上のポイント

- 治ることのない進行性の病気のため、身体的な負担はもちろん、心理的にも重い負担を抱えています。
- 利用者が少しでも生活しやすく、生活の質（QOL）を保った生活ができるよう、家族とともに工夫した環境整備が必要です。一人で考えるのではなく、皆からの意見を聞く場が必要です。
- パーキンソン病は、さまざまな公的援助が受けられる可能性がありますが、難病指定を受けるには医師の診断が必要です。
- 脳血管障害の発作後などに似た症状（パーキンソン症候群）が出ることも多いため、本人だけでなく家族にも公的援助についての情報を提供し、指定のための受診をしていない場合には、受診を勧めましょう。また副作用についても注意しておきましょう。
- パーキンソン病は、介護保険の対象となる特定疾病です。40〜64歳の第2号被保険者も認定が受けられます。

+α 公的支援制度と対象

■ 使用できるものがないか情報収集し、本人や家族に情報提供するようにしましょう。

指定難病患者への医療費助成制度

COLUMN 2

17 パーキンソン病

高齢者によくみられる疾患

1. 申請
申請に必要な書類を揃えて都道府県に申請します。

受付窓口は、都道府県により異なりますので、お住まいの都道府県の窓口にお問い合わせください。

2. 都道府県による審査
都道府県は（1）病状の程度が認定基準に該当する時、または、（2）認定基準に該当しないが高額な医療の継続が必要な人（軽症高額該当）と認める場合に支給認定を行います。

3. 都道府県による医療受給者証の交付
（1）申請から医療受給者証の交付まで約3か月程度かかります。その間に指定医療機関においてかかった医療費は払戻し請求をすることができます。

（2）審査の結果、不認定となることがあります。その場合は、都道府県から不認定通知が送付されます。

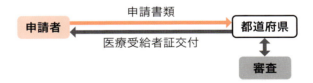

主な必要書類
① 特定医療費の支給認定申請書、難病指定医による診断書
② 住民票、市町村民税（非）課税証明書などの課税状況を確認できる書類（こちらは世帯全員分が必要）。
③ 健康保険証の写し　など

資料：「指定難病患者への医療費助成制度のご案内」難病情報センター（www.nanbyou.or.jp/entry/5460）より作成

18 筋萎縮性側索硬化症（ALS）

> **POINT**
> ALSは、運動ニューロンが障害され、全身の筋肉が萎縮し、徐々に動かなくなり、自力呼吸もできなくなります。

筋萎縮性側索硬化症（ALS）って、どんな病気？

　ALSは、60〜70歳代の男性に多く発症する病気で、手足、舌、のど、呼吸に関係する筋肉の動きが徐々に障害されていく難病です。

　筋肉そのものが障害されるのではなく、筋肉の動きに指令を出す神経ニューロンが障害される病気です（図表2-45）。

　進行すると、歩行はもとより話すことも自力で呼吸することもできなくなりますが、意識状態や精神状態、感覚器や眼球運動、排泄機能に変化はありません。利用者本人は自分の病気の進行を自覚しつつ、いずれコミュニケーションが取れなくなり、さらには人工呼吸器の使用の選択を迫られることになります。

ALSの症状って？

　発病当初は、肘から先のしびれ、筋力低下、歩行時によく転ぶなどで受診し、筋電図検査、頭部・脊髄MRI、髄液検査、血液検査などで総合的に診断されます。筋肉が徐々に細くなっていき、また筋肉が萎縮していきます。自分の意思で身体を動かすことが困難となり、歩行できなくなり、話すこと、ものを飲み込むことも難しくなります。

　発症後3〜5年で呼吸をするための胸の筋肉が動きにくくなるため、自力呼吸ができなくなります。

図表2-45 神経ニューロン

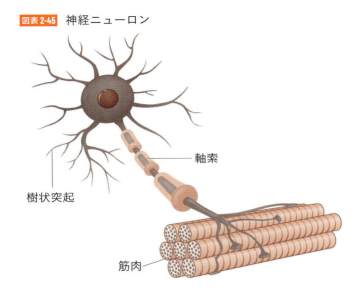

軸索
樹状突起
筋肉

ALSの治療は？

　薬物治療では、ALSの進行を遅らせることが期待できるALS治療薬のリルゾールが処方されます。

　四肢の筋肉が動きにくくなり、また筋肉を使用しなくなるため、全身が硬直していきます。日常生活動作（ADL）の維持および生活の質（QOL）の確保の目的で、嚥下機能、口の周りの筋肉のリハビリテーションが行われます。

　口から食べられなくなった場合には、経管栄養や胃ろうが設置されます（図表2-46）。

　さらに、自力で呼吸できなくなった場合は、人工呼吸器の使用を選択するかどうかの選択を利用者本人が決めていくことになります。現在では在宅で人工呼吸器を使用することができます（図表2-47）。

　それから、コミュニケーションが取れなくなった場合は、さまざまなタイプの会話補助装置があります。押しボタン、タッチセンサー、瞬きセンサー、筋電センサーなどがついていて、状態に合わせて使い分けができます。

図表 2-46 口から食べられなくなった時の方法

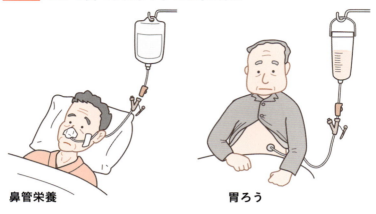

鼻管栄養　　　　　　　　　　胃ろう

図表 2-47 人工呼吸器

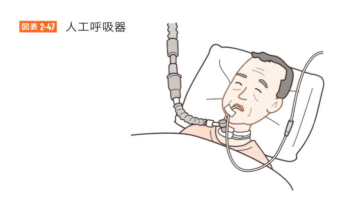

ALSの人の生活は？

　ALSは難病指定により、治療費用や療養生活に至るまで、さまざまな公的支援が受けられますので、それらのサービスを利用して、できる限り心穏やかに生活を送れるようにします。

　進行に伴い、歩行の障害が出てきたら、手すりの設置や杖の使用を始め、さらに進行したら、車いすや介護ベッドなどを導入します。

　嚥下が難しくなると経管栄養や胃ろうが、自力呼吸が難しくなると人工呼吸器

が導入されます。医療行為の範疇（はんちゅう）が大きくなるので、家族への負担がかかりすぎないように注意します。

ケア上のポイント

- 利用者本人は、進行する病気に常に向き合って生活し、人工呼吸器使用の選択に関しては、本人にとって生死の選択をすることにつながっています。息苦しさのある中、気持ちは常に揺れるでしょうし、家族の思いもあります。利用者・家族の思いに寄り添い、その思いがある一定の方向に向いていくのを、支えながら待つようなかかわり方が必要です。
- 主治医、訪問看護師とチームを組み、病気の現状・進行の具合と、これから起こりうる変化についての情報を得ておきます。
- ALSという病気は、初期から人工呼吸器を使用するようになる段階のすべての時期にさまざまな専門職がかかわる必要があります。訪問看護師などと相談しながら、病状の進行に合わせて必要な専門職への働きかけが必要になります。
- ALSがどのような病気でどう進行するのかについて利用者や家族の様子に合わせて説明し、病気に対する思いを傾聴しながら心の準備に寄り添いましょう。
- 難病指定されている病気です。難病情報センター、日本ALS協会などのホームページや保健師などに相談して情報を収集し、利用者・家族に必要な情報を提供しましょう。
- ALSは、介護保険の対象となる特定疾病です。40〜64歳の第2号被保険者も認定が受けられます。

人工呼吸器について
- 自力で呼吸ができなくなった時、呼吸をさせる機械
- 気管切開で行われることが多く、会話が困難になる
- 痰の吸引が必要になる
- 感染症にかかりやすくなる

19 認知症

> **POINT**
> 認知症とは、脳に発症した病気が原因で、一度獲得した知的能力が徐々に失われて日常生活に支障をきたす状態のことをいいます。

認知症って、どんな病気?

　症状の出方は多少異なりますが、今までできていたことができなくなり、判断力や記憶力が低下していきます。そして、日常生活が送れなくなり、徐々に寝たきりとなって、嚥下障害のために食べ物が食べられなくなり死に至る進行性の症候群です。

❶アルツハイマー型認知症

　アルツハイマー型認知症は症状が出現する20年ぐらい前から脳神経にアミロイドβという特殊なたんぱく質がたまり始め、それにより徐々に神経細胞が破壊され、減少していくことで発症します。

　特に、記憶に関係する神経細胞が障害されます。加齢や遺伝によるといわれていましたが、高血圧や脂質異常症、高血糖の方での発症が多いということもいわれています。

❷脳血管障害型認知症

　脳梗塞や脳出血が原因で脳神経が破壊されることによるもので、記憶や認知力が障害されます。脳梗塞や脳出血は一度の発作で広い範囲が障害を受けることもありますが、細かい血管が詰まったり破れたりを繰り返すことで、徐々に障害範囲が広くなり、認知症が進行していく場合もあります。

❸レビー小体型認知症

レビー小体型認知症は、脳神経にレビー小体という特殊なたんぱく質がたまり始め、それによって徐々に神経細胞が破壊され、減少していくことで発症します。このたんぱく質はパーキンソン病の人の脳にもみられますが、どうしてたまるかについてはわかっていません。

❹前頭側頭型認知症

10年以上をかけてゆっくりと進行していき、原因としては脳神経にピック球という構造物がつき、それによって特殊なたんぱく質がたまり始めることで症状が出現するといわれています。

認知症の症状って？

❶アルツハイマー型認知症

●初期（2～6年間）

物忘れが顕著になっていく時期（図表2-48）。人は誰でも、あまりに忙しい時や注意力が散漫になっている時などに行動や約束などを忘れてしまった経験はあるのではないでしょうか。「ない！」「忘れた！」と気づいた時には血の気が引くような思いをすることもあります。認知症の物忘れはまったく異なります。もっていたものが大切なものという記憶はありますが、通常の自分の行動を認識していないため「誰かがとった」、となります。また約束は、約束をしたこと自体が記憶にないため、誰かに指摘されたとしても「そんなことはない!!」と怒り出してしまうのです。

●中期（2～3年間）

記憶が蓄積されなくなる時期。近い時期のことから記憶に残らなくなっていきます。自分の子どもの昔の面影は覚えていても、大人になった子どもの顔は忘れてしまったり、引っ越した新しい家は知らない家ということになります。このため、自分が以前住んでいた家や街に行くために徘徊行動がみられるようになります。また、この時期には便意や尿意がわからなくなり、失禁をするようになります。

図表 2-48 認知症の症状

●後期
　症状はさらに進行し、言葉も通じなくなり、食事もとれない、歩行時のバランスも取れないなど、全身的な症状が現れ、寝たきりになっていきます。

❷脳血管障害型認知症
　障害を受けた脳の領域によって、異なる症状（言語障害、麻痺、感覚障害など）が出やすくなります。めまいやふらつきだけのこともあります。しかし脳梗塞や脳出血の発作の繰り返しを契機に段階的に症状は進行し、中期以降はアルツハイマー型と同じような症状となります。「まだら認知症」という、意識がはっきりしている時とそうでない病態が出ることもあります。

❸レビー小体型認知症
　パーキンソン病の症状に近く、四肢の硬直や表情のなさがみられるようになり、転倒しやすくなります。また、幻視をみることも多いですが、物忘れなどの症状は初期には強く出ないことが多いです。

❹前頭側頭型認知症

　周りの人間への心づかいができなくなり、性格が変わってしまったと思われることが多く、身の回りの衛生環境を保持することもできなくなります。同じことを繰り返して行うなどの奇異な行動がみられますが、物忘れをすることはほとんどないため、わかりにくい認知症といえます。

認知症の治療は？

　認知症の主な治療法は、薬物療法になりますが、現在のところ、認知症を改善させたり完治できる治療法はありません。認知症を引き起こす原因疾患の治療のためのコリンエステラーゼ阻害薬やNMDA受容体拮抗薬と、認知症の症状の進行を抑えたり、出てくる症状が日常生活に大きな問題をもたらす場合に、症状を鎮めるための薬物療法が行われます。

　しかし、日常生活のしづらさは、周りの人たちの接し方で多くを減らすことができ、生活しやすくすることができます。

認知症の人の生活は？

　利用者は自分自身で身体の変化への注意ができません。熱が出ていても、だるいとも熱いとも訴えることができないのです。常に周りの人間が、食欲、日常の過ごし方、バイタルサインなどから変化の徴候を早期に発見する必要があります。

　利用者は、自分の空間を過ごしやすく整えることができません。周りの人間が気温や湿度の変化にも気をつけて環境を整える必要があります。

　認知症になっても、感情は普通の方と変わりません。大切にされている、思いを寄せようとしてくれていると感じることができれば、その人への信頼感が生まれます。自分が「何か変だ」と感じている利用者は多くいます。それゆえ、周囲からバカにされている、子ども扱いされていると感じれば、プライドが傷つけられ、怒り出すでしょう。

ケア上のポイント

- 認知症利用者の家族は、元気だったころの利用者の思い出をもっています。家族は、今まで何でもこなしていた利用者が、トンチンカンなことをやって取り繕おうとしたり、急に怒ったり、食事の仕方も汚らしくなったりと、さまざまな変化を日々見ることになります。病気だとわかっていても、イライラしたり、イライラしている自分を責めたり、悲しくなったりと、家族はとても大きな苦痛を感じています。家族だけで認知症の介護をし続けることは大変です。家族を支えることも必要であり、チームでの介護体制を作らなければなりません。

先輩からのアドバイス

認知症利用者への接し方

認知症になっているからと、子どもに話しかけるような声かけは厳禁です。認知症という病気になって、わからなくなっていることが多くても、長年、家族のため、会社のために精一杯生きてきた方です。あくまでも人生の先輩として接することを忘れてはいけません。目を見て、しっかりと利用者の話を聴き、こちらが話しかける時も目を見て、ゆっくりと話すことを心がけましょう。

異常な行動がみられた時には、利用者が何をしているつもりなのかを聴くようにします。意味のない行動に思えても、利用者にとっては必ず何らかの意味があって取っている行動です。その意味がわかれば、その思いを汲んだうえでの対応を取ることができます。

また、入浴を嫌がるなど、スムーズに介護ができないこともあります。このような時も、信頼関係を作ることを優先して、入浴などを嫌がっても無理強いしてはいけません。急に知らない人が来て、わからないところに連れていかれ、服を脱げと言われれば、誰だって抵抗したくなるでしょう。接する時は、常に穏やかに、ゆっくりとした自然な動きを心がけ、入浴など、利用者のために行うケアが心地よいものであることを時間をかけてわかってもらいましょう。

中核症状と周辺症状（行動・心理症状） COLUMN 2

認知症の症状には、中核症状と周辺症状があります。中核症状は認知症という疾患による症状ですが、周辺症状は、認知症そのものの症状ではありません。

周辺症状には、症状を起こすための利用者ごとの理由があり、対処によって症状の出現を抑えることができます。

図表2-49 認知症の症状

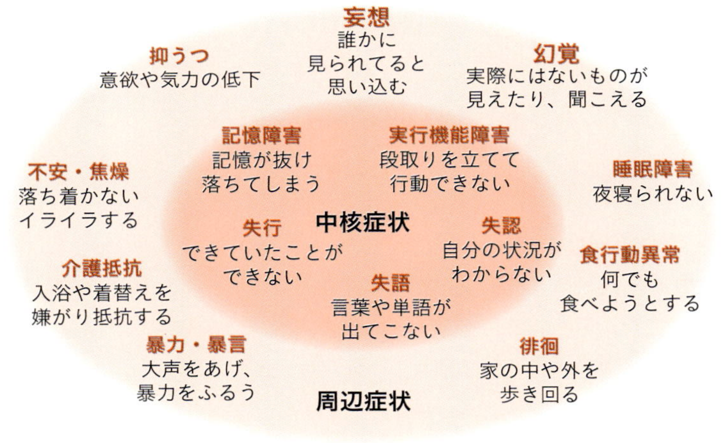

中核症状
- 記憶障害：記憶が抜け落ちてしまう
- 実行機能障害：段取りを立てて行動できない
- 失行：できていたことができない
- 失認：自分の状況がわからない
- 失語：言葉や単語が出てこない

周辺症状
- 妄想：誰かに見られてると思い込む
- 幻覚：実際にはないものが見えたり、聞こえる
- 抑うつ：意欲や気力の低下
- 睡眠障害：夜寝られない
- 不安・焦燥：落ち着かないイライラする
- 食行動異常：何でも食べようとする
- 介護抵抗：入浴や着替えを嫌がり抵抗する
- 徘徊：家の中や外を歩き回る
- 暴力・暴言：大声をあげ、暴力をふるう

アルツハイマー型認知症の場合

20 高齢者のうつ病

> **POINT**
> 高齢になると、さまざまなものを喪失する過程で、心のバランスを崩し、「うつ」となる場合があります。

高齢者のうつ病って、どんな病気?

　高齢期になると、社会的環境や心理的要因によって、さまざまな喪失体験をします。

　環境的要因の例としては、定年退職したことによる職場や役職の喪失、仕事の喪失、子どもが独立したことによる母親的役割の喪失などが挙げられます。

　心理的要因の例としては、配偶者死亡による家族の喪失、体力がなくなり、若い時にできていたことができなくなった、重い病気にかかった、病気の後遺症があるなどです。

　このようなさまざまな喪失体験をし続けていくことで、高齢者は疲れ、対応し続けることができなくなり、うつ病となると考えられます。

高齢者のうつ病の症状って?

　動くのが億劫になり、頭痛、めまい、食欲不振、吐き気、睡眠障害などを訴えるようになります。さらに、徐々に表情がなくなり、何となく元気がなくなり、一日中ボーっとして過ごすようになります。

　このように一見認知症の初期症状と似ているため、認知症と思われて対応が遅れることがありますが、うつ病は治療によって治る病気です。しっかりと違いを認識し、適切に医療機関につなげるようにしなければなりません（図表2-50）。

図表2-50 うつ病の診断基準

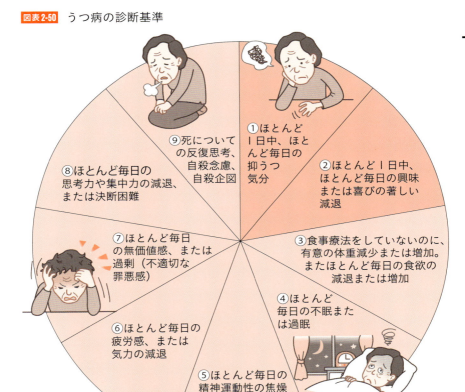

① ほとんど1日中、ほとんど毎日の抑うつ気分
② ほとんど1日中、ほとんど毎日の興味または喜びの著しい減退
③ 食事療法をしていないのに、有意の体重減少または増加。またほとんど毎日の食欲の減退または増加
④ ほとんど毎日の不眠または過眠
⑤ ほとんど毎日の精神運動性の焦燥または制止（沈滞）
⑥ ほとんど毎日の疲労感、または気力の減退
⑦ ほとんど毎日の無価値感、または過剰（不適切な罪悪感）
⑧ ほとんど毎日の思考力や集中力の減退、または決断困難
⑨ 死についての反復思考、自殺念慮、自殺企図

症状として①と②のどちらかがあり、③～⑨の症状をあわせて合計で5つ認められる。

高齢者のうつ病の治療は？

　薬物療法、精神療法、環境調整の3つが必要です。抗うつ薬は副作用が強く出ることもあり、高齢者には注意が必要です。
　精神科医やカウンセラーによる精神療法も症状改善には重要です。また、本人が安心して暮らせる環境調整も効果があります。

図表 2-51 「老人性うつ病」と「認知症」を見分ける目安

	老人性うつ病	認知症
初期の症状	頭痛、肩こり、吐き気などの身体不調を訴える	できていたことができなくなる
症状の進行	身近な人の死や退職などのきっかけで発症することが多い	きっかけはなく徐々に進行する
気分の落ち込み	1日中ボーっとしている、元気がない、自責の念が強く死にたいと言うこともある	自責の念などはなく、ケロリとしている
機嫌	何か言われたなどをきっかけに激しい怒りを爆発させるなど、機嫌の悪さが潜んでいる	怒りやすくなったり、暴力的になったりすることがあるが、機嫌のいい時もあり、コロコロと変わる
もの忘れ	忘れやすくなるが、自覚している	徐々に進行し、「昼食をとっていない」など、行動したことを忘れる
日内変動	朝方は調子が悪く、夕方からよくなることが多い	とくにない

高齢者のうつ病の人の生活は？

　余計なストレスがかからないよう、環境を整備します。「何が食べたい？」などと利用者に聞くことは、何かを決定するというストレスがかかります。こうしたストレスから利用者を遠ざけるためにも、周りの心遣いが必要です。

　うつ病の人に「がんばろう」は禁物です。がんばれず、このような状態の自分自身を責め、自分が生きている意味はない、と思ってしまうこともあります。

　うつ病には自殺願望や自殺企図という症状が出る可能性があります。「生きている意味がない、死にたい」など死を意味するような言葉を聞いた時には、その情報を家族、介護者全員で共有し、皆で注意する必要があります。

　うつ病の人への接し方は、「これが一番」というようなものはありません。利用者の年齢や性別、その人の価値観や対処の仕方などによって、さまざまです。医師に相談し、適切な接し方を教えてもらいましょう。

　ある程度長期にわたって服薬が必要な病気です。また、薬が合わずさまざまな症状が出ることもあります。処方された薬を間違いなく服用したうえで症状の変化をみることで、医師は利用者に合った適切な薬を選択することができます。服薬が正確に行われているか確認が必要なため、家族にも説明します。

ケア上のポイント

- うつ病の家族も、接し方や自殺に対する不安など、さまざまなことで苦しんでいます。介護者は、家族の思いを受け止めるために、利用者担当、家族担当など、役割を決めて接していく方法を取ることもあります。
- 自殺願望が出ることもあり、行動に移る可能性があることを常に認識している必要があります。いつもと違う言動などがみられた時は、家族を含めたチームで情報を共有し、最後の一歩を阻止するようにしなければなりません。特にうつ病が治りかけている時が一番危険です。
- さまざまな身体的症状を訴えることがあります。うつ病による訴えだと決めつけてはいけません。がんや虚血性心疾患、消化器性潰瘍などの病気が潜んでいることがあります。主治医と相談しながら適切な治療につなげるようにしましょう。

自殺念慮について
- 状態がよくなってきた時期が危険
- 「死にたい」などの言葉を発したら、要注意
- 今までみられないような行動を起こした時は注意
- 家族とも情報を共有

21 変形性膝関節症

> **POINT**
> 長年の正座の習慣や肥満、大腿の筋力の低下などによって関節軟骨が擦り減り、次第に膝関節が変形していく病気です。

膝関節症って、どんな病気?

　正常な膝関節は、図表 2-52 の正常膝関節のように骨と骨との間に軟骨があり、全体を滑膜が包み、その中に関節液があることで骨と骨とがスムーズに動きます。

　しかし、長年の関節の使用によって、軟骨は弾力性を失い、徐々にすり減り、ついにはなくなって膝を動かすたびに骨と骨とが触ってしまうようになります。

　このようになると膝関節は炎症を起こし、熱感をもち、関節液が大量に作られることで腫れるようになり、動くたびに強い痛みを感じるようになります。

　利用者が膝の痛みを訴えたり、膝を伸ばせないのをみかけたら、整形外科医への受診を勧めます。早期に治療を開始することが重要です。

膝関節症の症状って?

- 初期：立ち上がりや動き始めに痛みが出て、少し休めば痛みは消えます。
- 中期：階段の上り下りが困難となり、正座ができなくなります。関節液がたまり、膝の上を触るとブヨブヨとしていることもあります。
- 後期：膝の変形（O脚変形）が起こり、膝をまっすぐに伸ばすことができなくなります。安静にしていても痛みを自覚するようになります（図表 2-53）。

図表 2-52 正常膝関節と変形性膝関節症

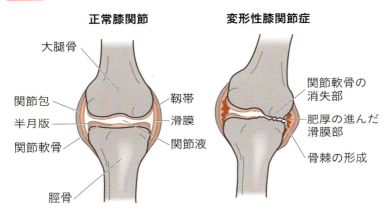

図表 2-53 O脚変形と膝関節内側の痛み

膝関節症の治療は?

　痛みを取るために消炎鎮痛薬の内服や湿布薬が投与されます。時には、ヒアルロン酸を膝関節内に注入することもあります。この場合、膝に水がたまっていれば、水を抜く処置も行われます。

　また、膝の負担を軽くするために、大腿の筋肉を強化するための運動リハビリテーション（理学療法）（図表2-54）をします。

　膝への温熱療法やサポーター、足底板装具（図表2-55）などの補助用具を使用すると、痛みが軽減されます。その他、膝に負担をかけない生活を送るための教

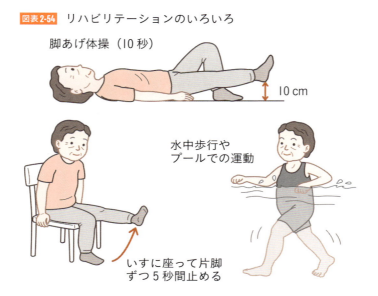

図表2-54　リハビリテーションのいろいろ

育が行われますが、痛みが強く生活に支障がある場合は、手術も考慮されます。

膝関節症の人の生活は?

　日常生活の中に運動リハビリテーションを取り入れ、筋力の低下を防ぐことで進行を抑えるようにします。しかし階段の上り下りは筋肉にはよい運動なのですが、膝への負担も大きい運動です。無理せずエレベーターを使用しましょう。また、正座や膝を曲げない生活となるよう便器を洋式にする、ふとんからベッドにする、テーブルといすで食事するなど、生活空間を整えましょう。
　適正体重になるよう、食事量を調整します。膝の血行をよくしておくことで炎症を抑えられます。クーラーなどでの冷えに注意し、冷えてしまったら温湯などで温めるようにします。

ケア上のポイント

●膝に負担のかからない生活環境を、本人、家族とともに考えましょう。

図表 2-55　足底板装具

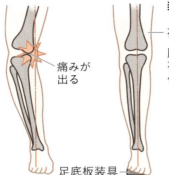

装具着用前　　　　　　装具着用後
　　　　　　　　　　　　荷重線
痛みが出る　　　　　　　膝が内側に入り、荷重線は外側に移動して、体重は膝の外側に移る
　　　　　　　　　　　　足底板装具

- 住宅改修が必要な場合は、社会資源の活用を提案し、少ない負担で生活しやすい環境に整えます。
- 体重が増えると膝の負担となります。食事の量にも気をつけましょう。
- リハビリテーションの継続した実施ができるように見守りましょう。
- 装具を使用している場合は、適切な使用になっていることを確認しましょう。
- 利用者の状態を日ごろから丁寧に観察して、痛みがひどくなったり、身体を動かすのが難しくなっていたら、主治医に相談しましょう。
- 歩行運動は積極的に行ったほうがよいですが、平坦なところを歩くように指導してください。
- 両側の膝関節症または膝関節に著しい変形を伴う変形性膝関節症は、介護保険の対象となる特定疾病です。40〜64歳の第2号被保険者も認定対象となります。

寝たきりになる危険性
■ 変形性膝関節症は痛みのために動くことがイヤになり寝たきりにつながる
■ 早目の痛みの除去が大切

22 関節リウマチ

> **POINT**
> 30〜40歳代の女性に多く発症し、
> 関節が破壊されていくことにより
> 変形していく病気です。

関節リウマチって、どんな病気？

　関節リウマチは、膠原病などと同じ自己免疫疾患の一つです。免疫系の異常で、関節の中にある滑膜というところが異常に増殖し、関節が慢性の炎症を起こし、進行すると関節が破壊されていく病気です（図表2-56）。

　自己免疫疾患とは、自分の体内にある物質を間違って異物と判断し、それを攻撃するシステムが身体の中に生じるものです。関節リウマチの場合は、滑膜を異物と判断した結果、滑膜にリンパ系の細胞が集まり、破壊してしまうのです。

関節リウマチの症状って？

　朝の手のこわばりから発症することがほとんどです。ボタンをはめにくいなど、細かい作業がしにくくなりますが、時間の経過とともに症状は消失するため、発見が遅れやすい疾患です。

　しかし進行していくと、手指の関節が熱をもって腫れ始め、痛みが生じます。何日かすると症状は治まり、それを繰り返しながら進行していきます。

　さらに進行すると、足の先、手首、肘、膝などの大きな関節にも痛みが生じるようになり、体動が難しくなっていくこともあります。

　関節は破壊され、手指が独特な形に変形し、日常的な活動が困難になっていきます（図表2-57）。また倦怠感、貧血、微熱など、全身の異常が出る場合もあります。

図表2-56 正常な関節と、関節リウマチを発症した関節

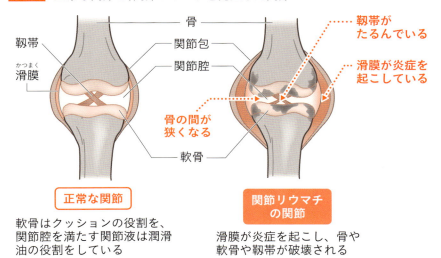

正常な関節
軟骨はクッションの役割を、関節腔を満たす関節液は潤滑油の役割をしている

関節リウマチの関節
滑膜が炎症を起こし、骨や軟骨や靱帯が破壊される

図表2-57 関節リウマチによる手・足の変形

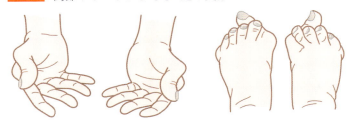

関節リウマチの治療は？

　関節リウマチは、消炎鎮痛薬や副腎皮質ステロイドなどの炎症を抑える薬、リウマチの治療薬である抗リウマチ薬、生物学的製剤を組み合わせて薬物治療が行われます。関節破壊が進行した場合は人工関節置換術などの手術療法が必要になることもあります。また、装具の利用などの他に、作業療法や理学療法など、リハビリテーションも行われます。

関節リウマチの人の生活は?

　進行を可能な限り抑えるためには、規則正しい服薬がたいへん重要になります。きちんとした服薬がなされていることが必要です。薬によっては、生命にかかわる副作用が出ることがあるため、主治医から薬の副作用に関する情報を得て、本人・家族、介護者全員で情報を共有し、異常の早期発見に努めます。

　朝起きたら着替え、洗面を行い、という生活を守り、十分に睡眠をとり、適切な食事をとるようにしましょう。家の中でできるリハビリテーションや、使うと便利な装具などがあります。医療者と相談し、可能な限り快適な生活を送るようにしましょう。

　リハビリテーションには運動療法としてリウマチ体操（図表2-58）もあるため、実施してよいかを主治医に確認してから行うようにしましょう。行う場合は、温めてから行うようにしましょう。

　利用者は、痛みとともに徐々に進行していく関節の悪化と変形、もしかしたら寝たきりになるのではないかという不安を抱えて生活しています。利用者の思いを聴き、生活を支える必要があります。

ケア上のポイント

- 服薬がきちんと行われていることを確認します。
- 医師による診察も、とても重要です。受診時に診察を受けずに薬だけもらう、といったことのないよう、確認するようにしましょう。
- 痛みの強さや部位などを観察し、変化があった時には医療者に報告が必要です。
- 障害の程度などを観察し、本人、家族、医療者全員で、装具の検討などをするようにしましょう。
- 利用者の不安や思いを受け止め、常にそばにいると思ってもらえるように対応しましょう。
- 抗リウマチ薬のメトトレキサートの副作用や関節リウマチにより間質性肺炎を起こすことがあります。咳が止まらない時には主治医への受診を勧めます。
- 関節リウマチは早期の治療により、関節破壊を防ぐことができます。関節リウマ

22 関節リウマチ

図表2-58　リウマチ体操

①足首の運動	足部を左右同時に起こしたり伸ばしたりした状態で、それぞれ3～5秒保持する	
②大腿四頭筋セッティング	膝蓋骨（お皿）を身体の方に引き上げるように膝を伸ばした状態で5秒保持する	
③腰上げ	膝を曲げて腰を上げた状態で3～5秒保持する	
④足を開く運動	両大腿部に紐を掛け、膝蓋骨（お皿）を上に向けた状態で、両足同時に外へ開き5秒保持する	
⑤足を上げる運動	紐を足首に掛け、膝を伸ばした状態で左右交互に挙上し、それぞれ5秒保持する	
⑥膝を曲げた位置での屈伸	いすまたはベッドに座り、足首に紐を掛け左右交互に、前後方向に動かした状態で、それぞれ5秒保持する	
⑦腕を上げる運動	前にならえをした状態で、5～10秒保持する。また、この位置より上方・側方へも運動を行う	
⑧肩をねじる運動	小さく前にならえをした状態で、前腕を外へ開き3～5秒保持する	
⑨前腕を回す運動	小さく前にならえをした状態で、手のひらを上に向けたり下に向けたりするように手首を回し、それぞれ5～10秒保持する	
⑩手首の運動	手首を左右同時に起こしたり下げたりした状態で、それぞれ3～5秒保持する	
⑪手指の運動	指を大きく開いたり握ったりした状態で、それぞれ3～5秒保持する	
⑫肘の屈伸	紐を手首に掛け、左右交互に前後方向へ動かした状態で、それぞれ5～10秒保持する	

資料：リウマチ情報センター（http://www.rheuma-net.or.jp/rheuma/index.html）より作成

チが疑われたら、すぐに専門医の診察を受けるように働きかけましょう。

● 関節リウマチは、介護保険の対象となる特定疾病です。40～60歳の第2号被保険者も認定対象となります。

＋α　変化する治療法

■ 進行性の場合、以前は治療法もなく寝たきりになっていた

■ 生物学的製剤ができたことによって、寛解できるようになった

23 骨粗鬆症

POINT
70歳以上の女性の約半数が罹患しているといわれていますが、自覚症状がないため、治療していない人が多くいます。

骨粗鬆症って、どんな病気?

　骨は、体重を支え運動を可能にする大切な器官であるとともに、カルシウムを貯蔵する器官でもあります。

　骨は破骨細胞によって吸収され、骨芽細胞によって形成され、毎日少しずつ新しいものに生まれ変わり、1本の骨は3～4か月で完全に新しいものになります。

　骨粗鬆症は、この生まれ変わりのバランスが崩れて吸収量が骨の形成量を超えた結果、骨がスカスカになってしまう病気です（図表2-59）。この結果、骨の重量が減少し、強度がなくなるため、少しの衝撃で簡単に折れるようになります。

　骨粗鬆症は、加齢や閉経、運動不足、生活習慣だけでなく、薬の副作用、病気の合併症として発症することもあります。

骨粗鬆症の症状って?

　骨粗鬆症だけでは自覚症状はありませんが、高齢者の場合、骨折によって一気に日常生活動作（ADL）が低下し、生活の質（QOL）が損なわれることになります。また、しだいに骨が変形し、背中が丸くなると内臓が圧迫されて逆流性食道炎などの消化器症状や、呼吸機能も悪化してきます。

　高齢者が転倒などによって骨折しやすい部位を、図表2-60に示します。

図表 2-59 健康な骨と骨粗鬆症の骨

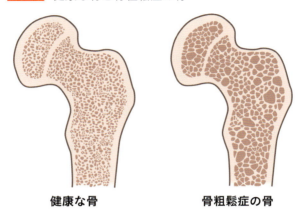

図表 2-60 高齢者が骨折しやすい部位

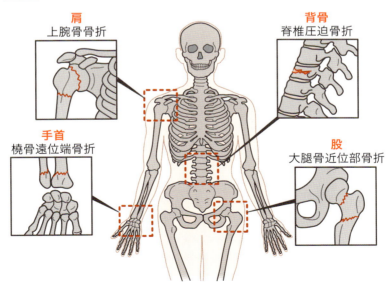

骨粗鬆症の治療は？

診断を受けたら、医師の指示に従って骨粗鬆症が進まないようにするため、運動療法や食事療法、日光浴を行うことになります。

運動によって骨に負担がかかると、身体は骨を強くしようとカルシウムの吸収が盛んになったり、代謝が活発になることで骨密度が高くなります。

1日20分ほど、転倒に気をつけて散歩をすることで、予防になります。

すでに骨粗鬆症になっている人の場合は、無理をしないでつかまるところを確保し、片足ずつ1分間持ち上げ、それを交互に行います（図表2-61）。

食事療法として、日ごろから意識して牛乳や小魚などをたくさん食べるようにして、カルシウムの摂取量を増やしましょう（図表2-62）。

骨を強くすることが期待できるビタミンDを取り入れるために、日光浴をします。

骨密度の測定によって、骨粗鬆症かどうかが診断され、若年成人平均値の70％を下回る骨密度だと、薬物療法が開始されます。痛みが出ている場合や、骨密度の数値が低い場合は、医師が処方したビスホスホネート製剤や活性型ビタミンD_3

図表 2-61　骨粗鬆症体操

転倒予防のために支えにつかまれる位置で行いましょう

姿勢をまっすぐにして行うようにしましょう

片脚を床から少し上げます

製剤を服用します。最近では骨形成を促す注射剤や骨吸収を抑制する半年に1度（年に2度）の注射剤もあります。

なお、骨折した場合は、保存療法がとられることもありますが、骨折の部位や全身状態により、手術をして骨を固定することもあります。

骨粗鬆症の人の生活は?

病気の進行を遅らせるため、また予防のためにも運動と栄養は欠かせません。日常生活の中での転倒のリスクを減らします。

履き物は、サンダルやスリッパなど、足にしっかりと固定されていないものは避けます。また、底にゴムがついているなど、滑り止めが効いているものを使用します。

図表2-62　骨粗鬆症の予防

家の中を片付け、床にものを置かないようにします。特に、床にものがあると、手で伝っての歩行ができないので、壁づたいにものを置かないようにします。

　その他、段差の解消も必要です。ドアや扉の高さ0.5mmほどの枠、畳のヘリでもつまずき、転倒の原因になるからです。スロープをつけるなどの工夫をして、段差を解消します。

ケア上のポイント

- 骨折しないための生活環境を、本人、家族とともに考え、整備しましょう。住宅改修が必要な場合は、介護保険の利用を提案します。
- 転倒してしまった時の対処法について、関係者全員で情報共有します。
- 基本の運動、食事、日光浴が、医師の指示どおりに実施されていない時は、できない理由を利用者、家族と考え、実現できるものにしていきましょう。
- 利用者の状態を正確に把握し、医師の指示が守られているかを確認します。ビスホスホネート製剤は、起床時にコップ1杯の水とともに服用して、その後30分は食事をとること、横になることが禁止されているため、確認が必要です。
- 薬物療法では高カルシウム血症の副作用があるため、最低でも年に1度は血中カルシウム濃度を調べる血液検査が必要です。
- 骨折を伴う骨粗鬆症は介護保険の対象となる特定疾病です。40～64歳の第2号被保険者も認定対象となっています。

ロコモティブシンドロームの予防
■ 寝たきりにつながるロコモティブシンドローム（コラム参照）を防ぐ

ロコモティブシンドローム

COLUMN 2

内臓脂肪がいろいろな臓器に溜まって、病気を引き起こすのは「メタボリックシンドローム」ですが、足腰などの運動器の障害で転倒などの危険性が増し、介護が必要になる可能性の高い状態を「ロコモティブシンドローム」といいます。

運動器には身体を動かすための骨、筋肉、関節などがありますが、どれか一つでも障害があると、身体を動かしにくくなり、転倒などの危険性が高くなります。

ロコモティブシンドロームの要因としては、骨や関節の病気、バランス能力の低下、筋力の低下の3つがあげられます。

日本整形外科学会では「7つのロコチェック項目」を定めています。

一つでも当てはまるとロコモティブシンドロームの疑いがあるとのことです。利用者だけでなく、介護者もチェックして、運動機能の保持のために気をつけましょう。

7つのロコチェック項目は、以下のとおりです。
① 片足立ちで靴下がはけない
② 家の中でつまずいたり滑ったりする
③ 階段を上がるのに手すりが必要
④ 横断歩道の青信号を渡り切れない
⑤ 15分くらい続けて歩けない
⑥ 2kg程度の買い物をして、持ち帰るのが困難
⑦ 家のやや重い仕事が困難

24 腰部脊柱管狭窄症

POINT
腰部脊柱管狭窄症とは、背骨の脊柱管という部位が狭くなり、痛みやしびれのために、続けて歩くことができなくなる病気です。

腰部脊柱管狭窄症って、どんな病気?

人間の背骨（脊椎）は、7つの頸椎、12個の胸椎、5つの腰椎および仙椎に分かれ、脊柱管には、手足の痛みななどの感覚を脳に伝える知覚神経と、脳の指令を手足に伝える運動神経が通っています。

腰部脊柱管狭窄症は、腰椎部分の脊柱管が何らかの原因によって狭くなり、神経が圧迫されることによって出現する病気です（図表2-63）。

5～10分歩くと足がしびれたり、力が入らなくなって歩行できなくなりますが、立ち止まったり腰をかけるなどして休むと、また歩けるようになります。この症状を間欠性跛行といい、特徴的な症状です。

完全に治すには手術しかありません。

腰部脊柱管狭窄症の症状って?

腰部脊柱管狭窄症では、じっとしている時はほとんど痛みを感じることはありません。しかし、歩くと太ももから膝下にかけての脚部の裏側にしびれが出て歩行を続けることができなくなったり、歩いては休むを繰り返す間欠性跛行という症状が出ます。この痛みやしびれは、腰をかがめていたり、いすに腰かければ消失します。狭窄が進むと、排便・排尿障害が出ることがあります。

図表 2-63 腰部脊柱管狭窄症の部位

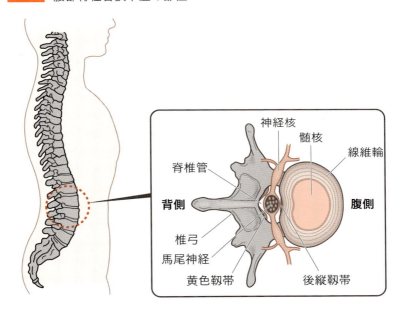

腰部脊柱管狭窄症の治療は？

理学療法では、コルセットなどの装具（図表2-64）を使用して腰椎を安定させたり、軽い前傾姿勢にする療法が行われます。ホットパックなどの腰部を温める療法、牽引療法などもあり、痛みの軽減が期待できます。

薬物療法では、痛みを止めるための消炎鎮痛薬や筋弛緩薬、血流改善薬の服用や、ブロック注射を行うこともあります。また、痛みが強く、仕事などに影響が出ている場合などは、年齢や症状の出方によって、狭窄部を広げるための手術が選択されることもあります。

理学療法士の指導のもと、筋肉トレーニングが行われます。

図表 2-64 コルセット

腰部脊柱管狭窄症の人の生活は?

　生活のさまざまな場面での姿勢に気をつけることで、症状の出現をなるべく減らしましょう。

　腰をそらす姿勢は痛みの原因になります。逆に腰をかがめていると症状が出にくくなります。外出時は杖や手押し車などを使用したり、安全であることを確認して自転車を利用することで、生活しやすくなります。

　台所仕事などの立ち仕事も、可能な限りいすに腰掛けるようにします。そのようなスペースがないような場合は、しびれの出る側の足を踏み台などに乗せておくだけでも（図表2-65）、姿勢が前かがみになり、症状の出方は減少します。

　寝る時は、横向きで腰と膝を曲げた姿勢が腰への負担を和らげます。仰向けで横になる時は、膝を曲げ、膝の下にタオルを入れましょう。

　痛みやしびれのために運動不足になると体重増加につながり、腰への負担が増しますので、標準体重を守るようにします。

図表 2-65　立ち仕事の時の楽な姿勢

しびれの出る側の足を踏み台などに乗せる

　腰痛予防も大切です。重いものをもち上げる時は、前かがみのままもち上げるのではなく、必ず膝を折って、腰を落としてもち上げるようにしましょう。

　いすに座る時は前かがみの姿勢にするために、いすの高さを膝が股関節よりも高い位置になるように調節します（図表2-66）。

ケア上のポイント

● 利用者の病状を常に把握して、少しでも症状が悪化したら、専門医への受診を勧めます。

図表2-66 楽ないすの高さ

膝が股関節よりも高くなるようにする

- 住宅改修が必要かどうかを判断し、介護保険を利用できることを提案し、暮らしやすい生活環境を作ります。
- 日常生活でどのような姿勢が症状を増強するのかを本人だけでなく、家族や関係者で情報共有し、注意して見守りましょう。
- 長時間立っていることや、歩くことが困難になった場合は、行く場所や方法など、可能な方法を皆で検討しましょう。
- 10分程度しか続けて歩けなくても、自転車であれば長時間乗ることができます。
- 脊柱管狭窄症は介護保険の対象となる特定疾病です。40～64歳の第2号被保険者も認定対象です。

+α 身体を楽にする体位と動き

- 寝る時は神経をリラックスさせるための体位をとるようにする
- 高い所のものや低い所のものをもつためには、負担のかからない方法を身につける
- 専門家に具体的な動きや方法を相談する

25 腎不全

> **POINT**
> 腎不全が進行すると、
> 尿から老廃物を排泄できなくなり、
> 透析治療を行わなければならなくなります。

腎不全って、どんな病気?

　腎臓には代謝によって生じた老廃物を血液内から除去したり、尿として排泄することで水分や電解質のバランスを取るだけでなく、エリスロポエチンという赤血球を産生したり、ホルモンを分泌する機能があります(図表2-67)。

　腎不全とはそれらの腎臓本来の機能を維持できなくなった状態をいい、多くの合併症が生じます。

　腎不全には、長期間糖尿病や高血圧、動脈硬化などの生活習慣病にかかっていたり、腎盂腎炎などさまざまな病気が原因で起こる慢性腎不全と、風邪や脱水などで急激に生じる急性腎不全があります。

　慢性腎不全の場合は、腎臓の中の糸球体という血液をろ過する器官が徐々に減少することで生じます。どのような治療を行っても腎機能を回復することはできませんが、急性腎不全の場合は、入院治療を行って回復する可能性もあります。

腎不全の症状って?

　腎不全の初期には、疲労感、脱力感、全身倦怠感、食欲不振などの症状の他は、はっきりとした症状が出ないことがほとんどです。しだいに貧血、高血圧、低血圧、不整脈、不眠、息苦しさが生じるようになります。

　腎不全が進み、透析治療が必要なほどになると、倦怠感などの症状はさらに悪

図表 2-67　腎臓の働き

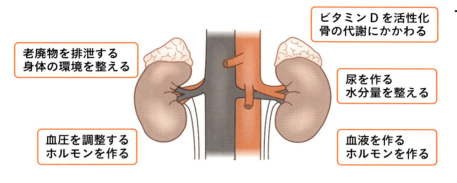

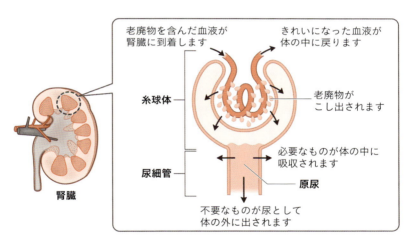

化し、全身のむくみが出るようになります。

　透析治療をしている人にはさまざまな合併症が起こります。合併症の出現を少しでも抑えるため、食事療法や水分摂取制限がより厳しくなります。

　腎不全には、高カリウム血症、高血圧、心不全、肺水腫、貧血などの合併症があります。

腎不全の治療は?

合併症がある場合にはその治療を行いながら、食事療法を含めた腎不全への治療が開始されます。

腎不全状態が進行し、身体機能も悪化した場合に、透析治療が開始されます。

●食事療法

塩分制限、カリウム制限、たんぱく制限、水分摂取の管理が必要になります。

塩分制限では、多すぎる塩分は通常、尿によって排出されますが、腎臓の機能が落ちている腎不全の場合、1日の塩分摂取は、5〜7g以下が目標です。加工食品にはすでに塩分が含まれているものが多くあるので、調理の工夫が必要です。

調味料の塩分含有量は図表2-68のとおりです。

たんぱく制限では、たんぱく質を摂取すると、その代謝段階で生じる老廃物は、尿によって排泄されますが、ろ過する力が弱くなっているため、腎臓に負担のかかるたんぱく質の摂取量を制限する必要が生じます。体格や腎機能の状態などに

図表2-68 調味料、加工食品の塩分含有量

塩 大さじ1 塩分 15.0g	薄口醤油 大さじ1 塩分 2.8g	濃口醤油 大さじ1 塩分 2.4g	めんつゆ（ストレート）大さじ1 塩分 0.5g
ウスターソース 大さじ1 塩分 1.3g	トマトケチャップ 大さじ1 塩分 0.6g	ポン酢 大さじ1 塩分 1.4g	和風ドレッシング 大さじ1 塩分 1.1g
みそ 大さじ1 塩分 1.9g	食パン 1枚（65g）塩分 0.8g	アジ干物 1枚（60g）塩分 1.0g	かまぼこ 1/4本（50g）塩分 1.3g

よって、個別に制限量が決められます。

腎機能が低下すると、余分なカリウムを排泄できず、高カリウム血症などの合併症を引き起こしてしまうため、カリウム制限食が必要になります。カリウムは、果物や生野菜など多くの食品に含まれているため、摂取できる食品が限られます。

水分制限では、水分の摂取量に関しては、病状によって摂取する量が違ってくるので、医師の指示量を細かく守ることが必要です。

● 薬物療法

水分や塩分の排泄に問題がある場合は利尿薬や代謝性アシドーシス治療薬、カリウムやリンが多い場合は、高カリウム血症治療薬や高リン血症治療薬、その他にも高血圧であれば降圧薬を、貧血があれば腎臓貧血治療薬などが使用されます。

● 透析治療

透析治療とは、腎臓の代わりに体外で血液から余分な水分や老廃物を除去するための治療法で、血液透析と腹膜透析があります。血液透析は週3回、透析センターなどに通院して行われるのが基本ですが、腹膜透析は自宅で行うことで、仕事を続けながら治療を継続することも可能です（図表2-69）。

図表2-69 血液透析と腹膜透析

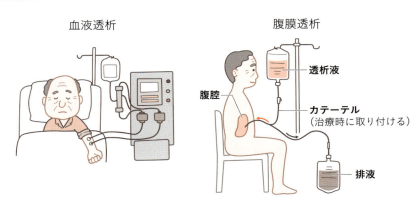

腎不全の人の生活は？

●食事療法

　腎不全の場合、どのような段階でも、塩分・たんぱく質・カリウムを制限しつつ、高エネルギーの食事としなければなりません。しかし、病状によって水分を十分摂取しなければならなかったり、全く飲んではいけなくなったり、カリウムやリン（図表2-70）に対する制限も、病状によって制限範囲が変化します。

　このように複雑な食事管理を利用者本人や家族だけに任せておくのは、とても負担が大きく、きちんと対応することは難しいと考えられます。変化する医師の指示量を関係者一同で把握し、献立を皆で立てるくらいの協力が必要となります。その場合、調理の工夫や代替えの食品の提案などの知恵を持ち寄り、利用者が少しでも満足する食事にしていきましょう。

　宅配の弁当もあるので、利用者宅で制限食を作るのが難しいようなら、提案してもいいでしょう。

●薬物療法

　腎臓の機能が悪化している場合、それが風邪などで出される抗生物質であっても通常量を服用することはできません。内科だけでなく、耳鼻科や歯科を受診する時は、腎不全であることを必ず医師に知らせ、薬の量を考慮してもらう必要があります。このことを本人だけでなく、家族にも伝え、医師に診てもらう時には気をつけるようにします。

●透析療法

　通院や自宅で透析療法を行う場合は、医師からさらにさまざまな指示が出されます。本人・家族だけでなく、関係者で情報を把握し、守るようにします。

図表2-70　カリウム、リンの多い食品

カリウムの多い食品	ナッツ類・するめ・桜エビ・煮干し・ぎんなん・アボカド・パセリ・ドライフルーツなど
リンの多い食品	魚介類・肉・卵類・乳製品・ナッツ類・豆類・インスタントラーメン・加工食品など

ケア上のポイント

- 脱水、貧血、浮腫が生じることがあります。観察点を把握し、観察を忘れないようにします。図表2-71にある症状がみられた時は、医師に連絡するようにしましょう。
- 食事療法が守られていることを確認します。守られていない可能性をみつけた時には、本人、家族、医療者を含めた会議を開催する必要があります。
- 医師の指示どおりに服薬していることを確認します。

図表2-71 腎不全の観察点と対処法

	観察点	対処法
脱水	唇や舌が乾いている 皮膚にはりがない わきの下が乾いている	水分制限が出ていなければ、少しずつでも水分摂取を促しましょう 水分制限が出ている場合は、医師に連絡しましょう
貧血	顔色が悪くなり、めまいや疲れやすさなどを訴える	医師に観察内容と訴えを具体的に報告しましょう
浮腫	足背や膝下のすねの部分などを指で押し、へこみがなかなか消えない場合、浮腫があると判断できる	医師に観察内容と訴えを具体的に報告しましょう

自宅で腹膜透析を行っている時の注意点

- 正しい手技で行われているかを確認する
- 必要に応じて、医療者に正しい手技を教えてもらう
- 腹膜透析に必要となる物品の調達方法や、保管方法、廃棄方法を把握する
- そのうえで利用者および家族が、正しく行えているかを確認する

26 疥癬

POINT
疥癬は、ダニの一種であるヒゼンダニが皮膚に寄生することによって強いかゆみと発疹が起こる感染症です。感染拡大を防ぐことが大切です。

疥癬って、どんな病気?

　疥癬には、通常疥癬と角化型疥癬（ノルウェー疥癬）の2種類があります（図表2-72）。原因となるヒゼンダニの寄生数が異なり、通常疥癬では数十匹程度ですが、角化型疥癬では100万〜200万匹にものぼります。

　角化型疥癬は高齢者や免疫力の低下している人にみられ、感染力が非常に強いため、感染が広がらないように患者を隔離する必要があります。

　ヒゼンダニは皮膚から離れると生きていけず、比較的短時間（2〜3時間程度）で死滅し、また、熱にも弱く、50℃、10分間で死滅します。

疥癬の症状って?

　通常、疥癬の主な症状は強いかゆみで、皮膚上には発疹が赤くブツブツと出る丘疹と、ヒゼンダニが皮膚の中を掘ることでできる疥癬トンネルがみられます。

　丘疹はお腹や胸、足、腕などに、疥癬トンネルは手の平や指の間などにみられます。

　角化型疥癬の主な症状は、ざらざらとした厚い垢のようなものが堆積する角質増殖で、手や足、殿部、肘、膝をはじめ全身に認められます（図表2-73）。爪が肥厚することもあります。

図表2-72 通常疥癬と角化型疥癬の違い

	通常疥癬	角化型疥癬
ヒゼンダニの数	1000匹以下（数十匹程度のことが多い）	100万〜200万匹
感染力	弱い	強い
主な症状	丘疹（赤いブツブツ）、疥癬トンネル	角質増殖（垢が増えたような状態）
かゆみ	強い	不定
症状が出る部位	顔や頭を除く全身	全身
対応のポイント	過剰な対応は不要	隔離など十分な対応が必要

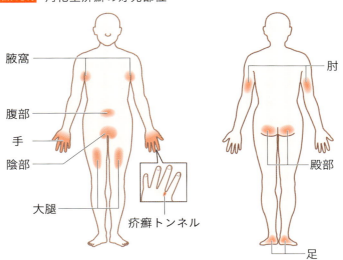

図表2-73 角化型疥癬の好発部位

腋窩／腹部／手／陰部／大腿／疥癬トンネル／肘／殿部／足

疥癬の治療は？

　疥癬の治療では、飲み薬や塗り薬が使用されます。また、かゆみがある場合にはかゆみ止めを使用します。

　飲み薬としては、イベルメクチン（ストロメクトール）があります。塗り薬では、フェノトリンローション（スミスリンローション5％）、イオウ剤、クロタミトンクリーム（オイラックスクリーム）などが使用されます。かゆみ止めでは、抗ヒスタミン薬が用いられます。

角化型疥癬の場合は、感染を防ぐために隔離のうえ、医師の指示どおりの内服を徹底させます。

疥癬の感染拡大を予防する生活は？

❶通常疥癬
　通常の疥癬の場合には、皮膚の直接接触を避ければ感染の心配はないため、隔離は必要ありません。
　ケアの際は手袋を着用し、ケア後は手洗いをします。疥癬を含め皮膚感染症予防の基本は、手洗いを励行することです。
　ヒゼンダニを駆除するため、布団、毛布、ベッドマットなどを定期的に日光消毒・乾燥させます。患者のリネン類はビニール袋に入れてダニが飛び散るのを防ぎ、50℃の熱湯に浸してから洗うといいでしょう。
　掃除機でこまめに患者の部屋を掃除して、患者からはがれ落ちた皮膚を取り除きます。
　入浴は一番最後にして、指の間、腋窩（えきか）などをよく洗います。

❷角化型疥癬
　感染力が非常に強いため、介護施設内で発生した場合には感染している利用者を隔離し、感染拡大を予防します。

ケア上のポイント

- 疥癬に対しては、早期発見・早期対応が大切となります。
- 利用者の肌に、疥癬の症状（線状の皮疹（図表2-74）、赤く乾燥した皮膚の盛り上がり、垢が溜まったようにかさついているなど）がみられた場合は、直ちに皮膚科の受診を勧めます。
- 皮膚の清潔を保つことが大切なため、入浴ができる利用者は、できるだけ毎日入浴します。毎日入浴できる方は、通常、疥癬にはなりにくいです。入浴ができない場合には、皮膚の観察を含めて可能な限り、毎日清拭を行います。

図表 2-74 線状の皮疹（疥癬トンネル）

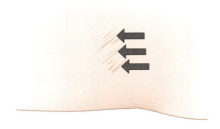

- 疥癬にかかったことがわかったら、家族に対して、感染しないように注意点を繰り返し伝えます。また潜伏期間があるので、皮膚科への受診が一度きりにならないよう、家族に注意するよう伝えます。
- 在宅の場合などは、疥癬があると知らずに利用者と接した介護職がヒゼンダニを別の利用者宅に運んでしまう（媒介者となる）ケースもあるため、利用者宅を訪問したら、ケア後には必ず手洗いをしましょう。
- 介護職自身に、疥癬の徴候がみられたら、すぐに皮膚科に受診し、所属する事業所の管理者に報告するようにしましょう。

通常疥癬の予防
- 同室で布団を並べて寝ない
- 寝具や衣類など直接肌に触れるものの共用を避ける

角化型疥癬の予防
上記の他に
- 衣類、シーツ類は毎日交換し、50℃以上のお湯に10分以上浸した後に洗濯する
- 掃除は居室を中心に行い、寝具、マットなども掃除機で表面を丁寧に掃除する
- 毎日入浴する
- 家族が疥癬と診断されたら、同居人も皮膚科を受診する

27 末期がんの疼痛コントロール

> **POINT**
> がんの末期でも、痛みをとることで
> 自分らしさを取り戻し、最期まで、
> 自宅で豊かな時間を過ごすことができます。

末期がんの疼痛って？

痛みは、本人以外がその痛みの程度をはかることは困難な症状です。本人が痛いと訴えれば痛みがあると医療者は考えます。

図表2-75 4つの痛みと全人的苦痛

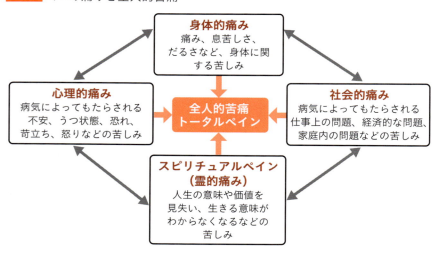

痛みには、①身体的痛み、②心理的痛み、③社会的痛み、④スピリチュアルペイン（霊的痛み）という4つの側面があります。

末期がん（ターミナル期）の利用者の場合、身体的痛みはもちろんのこと、上記の4つの側面すべての問題を抱えており、それが痛みとして本人が苦痛を感じます（図表2-75）。

末期がんの疼痛コントロールは？

末期がんの痛みのコントロールについては、以下のように、WHO（世界保健機関）によって、指針が出されています（図表2-76）。

基本的には経口薬から処方されます。

WHO方式がん疼痛治療法の原則として、①経口的に、②時刻を決めて規則正しく、③除痛ラダーに沿った薬の量や種類の変更、④個別的に患者ごとの量、⑤①〜④を実施したうえでさらに細かい配慮の5項目が原則として挙げられています。

図表2-76の薬剤には、経口薬の他、坐薬、貼付薬、注射薬があり、状況に応じて薬剤の選択がされます。

図表 2-76 WHO方式三段階除痛ラダー

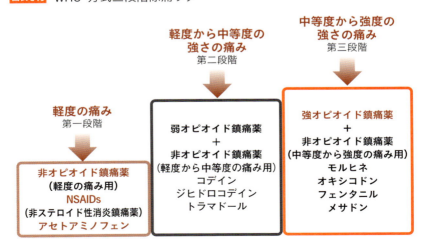

オピオイド鎮痛薬の場合、副作用として吐き気や便秘などが出る場合が多いため、当初より予防薬が処方されることが多いです。

末期がんの疼痛コントロール中の人の生活は？

　利用者は、痛みがない時には通常の生活を送ります。がんはよほど進行しない限り、通常に近い生活を送ることが可能です。そのような大切な時間をどのように過ごしたいかなどについても、本人・家族とも話し合い、やりたいことを実現させるための工夫を医療者とも相談しながら可能にしていくという視点も大切です。

　痛みが出た時の対応を、本人・家族、医療者と決めておきます。

　末期がんの疼痛は、一度出てしまうと、コントロールされた状態に戻るまでに時間がかかります。医師は、患者が痛みを感じないで生活できるように細かな処方を行ってコントロールしているので、飲み忘れがないよう、本人・家族だけでなく関係者すべてが処方されている薬を把握し、服薬に協力していく必要があります。

　すでに述べたように、孤独感などの心理的要因や、生きてきた意味、死への恐怖などさまざまな要因によって痛みが強くなることがあります。介護者は利用者に寄り添い、気持ちを受け止め、利用者が話したい時には静かに傾聴する姿勢で介護することが必要です。

　がんの進行したターミナル期では、腎機能や肝機能も低下し、浮腫が出たり、息苦しさを感じたり、悪心があったり、いたたまれないほどのだるさを感じていることもあります。これらの症状を完全に取り去ることはできませんが、下肢や上肢、背中などをさすることで安心感が得られることがあります（図表2-77）。

　家族の不安も大きくなっています。家族は本人の前では元気にふるまい、自分の気持ちを一人で抱えていることがあります。家族の不安や苦しい思いを汲み取るかかわりも必要になります。

27 末期がんの疼痛コントロール

図表2-77 末期がんのターミナルケア

利用者に寄り添い、静かに傾聴する姿勢

本人・家族と話し合い、やりたいことを実現させるための工夫を医療者とも相談

下肢や上肢、背中などをさする

家族の思いを汲み取るかかわり

ケア上のポイント

- 利用者がターミナル期にあっても、介護者の仕事はあくまでも生活支援を行うことです。食べる、寝る、清潔にする、排泄するなど、生活の基本となる介護方法を皆で相談し、利用者が少しでも気持ちよく、大切にされていると感じることのできるケアを提供するようにしましょう。
- 痛みが出てきてしまった時は、決められた対応方法を守り、それでも治らない時は速やかに主治医に連絡します。

- 体位変換や移乗などを無理に行うことで痛みが出ることもあります。無理せず、タイミングをみながら、家族や医療者など、人手がある時に行うようにするなど、生活リズムのプランを立てることも必要です。
- 医師や看護師の前では「痛みはありません」と言っていても、出て行った直後には顔をしかめていることを目にすることもあります。介護者は日々の利用者の表情や訴えを注意深く観察し、痛みを我慢しないことを伝えて、細かく医療者に報告するようにしましょう。
- がんの末期は、介護保険の対象となる特定疾病です。40〜64歳の第2号被保険者も認定対象となります。
- 末期がんは、比較的最期まで意識や身体能力が保たれていることが多く、疼痛コントロールさえしっかりできていれば、自宅などでの看取りが可能です。
- 末期がんでは、介護保険外のインフォーマルなサービス、たとえば友人のつき添いなども大切です。ケアマネジャーとしては、それらのサービスも導入できる力量が求められています。

麻薬性鎮痛薬

- 鎮痛目的で医療用の麻薬が使用されることもある
- WHOから、「がん性疼痛に対しての麻薬性鎮痛薬の使用に関しては、精神的依存は起きない」とされている
- 麻薬には、アヘン系、モルヒネ系、コデイン系、コカアルカロイド系、非アルカロイド系、覚せい剤などがある
- 多くの副作用があるため使用時には注意が必要だが、強力な鎮痛効果があるため、適切に使用すれば、患者にとって助けになる薬である

こんな症状が
みられたら

3

CONTENTS

- 01 発熱
- 02 脱水
- 03 食欲不振
- 04 便秘
- 05 嘔吐
- 06 不眠（睡眠障害）
- 07 むくみ（足のむくみ）
- 08 意識障害

01 発熱

> **POINT**
> 発熱は何らかの異常を知らせてくれる重要なサインです。いつもと様子が違うと感じたら、体温を測る習慣をつけることが大切です。

発熱の原因と対応

　体温は、バイタルサインの一つで、発熱は身体の異常を教えてくれます。呼吸器や泌尿器での感染症、熱中症や膠原病、リウマチなどの炎症が活発な時期、がんなどで発熱はみられます。

　高齢者では一般的に37.5℃以上を発熱、38.0℃以上を高熱と考えます。

　発熱がみられたら、薬などを使わずに医療職に連絡します。発熱したからと、すぐに解熱薬を使用してはいけません。なぜなら薬によって解熱することでかえって病状を悪化させてしまうこともありますし、むやみに熱を下げることによって、医師が発熱の原因をみつけにくくなることがあるからです。

　高齢者の場合、肺炎などの感染症であっても微熱程度で、病状に対応した発熱をするとは限らないため、以下のような症状の有無に注意します。

・急に歩けなくなった
・いつもより元気がない
・熱はないが、触ると熱いような感じがする
・食欲がない
・何となくボーっとしている

　このような症状がみられた時には、発熱の状況が「たいしたことない」と思われても、医療者に連絡する必要があります。

図表 3-1 クーリングの部位(3点クーリング)

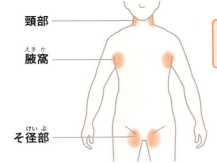

体温を測定する側は腋窩から少しずらしてクーリングする

ケア上のポイント

- 悪寒が起きている時は、かけ物を多くしたり、あんかを使用するなどして、寒気が少しでも解消するような対応をします。
- 悪寒が治まり「暑い」との訴えがある時には、クーリングを行いましょう。頭を冷やすのは、気持ちのいいものですが、直接体温を下げる効果はありません。頭よりも腋窩やそ径部など、太い血管が表面近くに通っている部位に、利用者が気持ちよいと感じる程度のクーリングを行うほうが効果的です（図表3-1）。
- 発熱が認められる時には、水分摂取を積極的に進める必要があります。一度に大量の水分をとることはできませんので、目が覚めた時にひと口ずつ勧めます。それでも飲めない場合は、小さめの氷をなめてもらう方法もあります。

> **まとめ**
> - 解熱薬はさまざまな種類が市販されており、家族の判断で飲ませることが可能な薬の一つですが、医師の処方でない解熱薬を勝手な判断で飲ませてはいけないということを周知徹底しましょう。
> - 高齢者が発熱した場合、発熱の度数だけで病状を判断せず、歩けるか、食事はとれているかなど、他の症状を注意深く観察し、必要なら主治医に連絡します。

02 脱水

POINT
元気がない、排尿の回数がいつもより少ない、口の中や腋窩が乾いているなどの場合は、脱水の可能性があります。

脱水の原因と対応

　脱水とは、身体の中の水分や塩分が減ってしまった状態のことです。高齢者の場合は、暑い日、発熱時だけでなく、冬場でも水分の摂取不足により脱水になることがあります。

　また、細胞内の水分量がもともと低下していますし、代謝の低下によって、生成される水分量も低下しています。いくつかの病気をもっていることで利尿薬を服用していることもあり、これらの要因によって、脱水に陥りやすいという特色があります。

　下痢や嘔吐などの症状がある場合は、水分だけでなく塩分も大量に排出していますので、脱水になる危険性が高いです。

　脱水を早期に発見するために、以下の点に注意しましょう。

・排尿の回数が通常より少なくないか
・口の中が乾燥していないか
・舌が乾燥し、話しづらそうにしていないか
・肌がカサカサした感じになっていないか
・腋窩が乾いてカサカサした感じになっていないか

　重度の脱水になると、意識障害やけいれん、発熱、だるさなどの症状が出現し、命にかかわる状況となりますので、救急対応が必要となります。

ケア上のポイント

- 1日の水分摂取量は、最低 1,500 mL といわれています。平均ではありますが、お椀は1杯 150 mL、お茶飲み茶碗は1杯 100 mL 程度です。また、大きめのコップは1杯 200 mL のものもあります。これを目安に1日の水分摂取量を計算してください。
- 本人、家族、介護者間で、朝食時、昼食時、おやつ時、夕食時にどのような割合で水分摂取するかを決め、守られているか否かをノートに記載するなどして、全員で情報を共有し、1日量として 1,500 mL になるように工夫しましょう。
- また、下痢や嘔吐などがみられる場合には、医師に連絡し、塩分の入っている汁物や経口補水液などを利用し、全身のバランスを整える補水が必要です。
- 脱水を起こしている場合は、水分を摂取するだけでは改善はできません。塩分、糖分を含んだ経口補水液などを使用する必要があります。

図表 3-2 脱水の予防と改善

- 食事をきちんととる
- こまめに水分をとる
- 寝る前後、入浴する前後、運動をする前、運動中、運動した後、飲酒後は、必ず水分をとる
- 脱水状態の時は、水分と塩分、糖分を一緒にとる（糖分のとり過ぎに注意）

まとめ
- 脱水にならないように、全身の観察を行って早期の脱水を発見するだけでなく、予防することが大切です。
- 毎日の水分摂取量を家族だけでなく関係者全員で把握し、1日の水分摂取量が確保されるようなケアが必要です。

03 食欲不振

> **POINT**
> 高齢者が食欲不振を起こすと、食が細くなって栄養量が確保できず、低栄養になってしまうこともあります。

食欲不振の原因と対応

　薬の副作用や胃腸障害によって食欲不振になることがあります。食欲不振が起こった場合、新しい薬が開始されていないか、胃の痛みや悪心・嘔吐、下痢などの胃腸障害の症状が他にないかを観察します。また、歯や口腔内に傷などがあり、食べ物を口に入れると痛みが出るようなことはないか、食べ物を問題なく飲み込めているかも観察する必要があります。

　このように原因がはっきりしている食欲低下の場合、問題を解決すれば食欲が戻ることが期待できます。観察した結果とともに、食欲不振の状況を医療者に報告し、対応してもらうようにしましょう。

　上記のような問題がないにもかかわらず食事量が減ってきている場合は、加齢による摂取量の低下かもしれません。

　加齢に伴い、消化液の減少や胃腸の運動の低下が起きるため、どうしても若いころと同じような食事ができなくなる場合があります。

　食事は生きてゆく中での楽しみの一つです。食が細くなっても、「〇〇なら食べたい」というものがあるかもしれませんし、好みの柔らかさの食品を選ぶことで食べやすくなるかもしれません。また、季節の野菜や果物などを利用して、変化のある献立にすることで、食べる意欲が出ることもあります。

図表3-3 加齢以外の食欲低下がみられる要因と対策

要因	理由	対策
生活習慣病	減塩や低糖質などの制限食	制限食により、おいしくないと感じてしまうことがある。味つけや調理法で工夫する
便秘	腸内活動の低下腹筋の低下	便秘をしていると、食欲は低下する。日常的な運動などで腸への刺激を与えるだけでなく、水分の補給、適度な油料理、食物繊維摂取、ヨーグルトなどをとり入れ腸内を活性化させる
食事量が少ない	便の形成不全	1日3食、食物繊維を多く含む食品を摂取することで、便が形成される
不規則な生活	自律神経の乱れ	食事時間を決め、間食は補食として楽しめるように工夫する
食事時の悪い姿勢	誤嚥、腹部圧迫による食欲低下	正しい食事の姿勢は、誤嚥を防ぎ食欲を促す
精神的負担	不安、うつ、認知症	安心できる環境を作り、楽しい食事となるよう工夫する

ケア上のポイント

- 嚥下困難が起きた場合は、経管栄養や胃ろうも選択の一つとなります。
- 食べられなくなった場合の方法を本人に決定してもらう必要があるため、元気なうちに会話の中にこのような情報を織り交ぜ、意思を確認しましょう。
- 得た情報は家族にも提供し、本人の意思に沿うよう伝えておきます。
- 経管栄養や胃ろうの検討は認知症などで本人が意思を表明できない場合は、これまでの会話の内容を参考にしながら家族が決定しなければならないため、決定時の家族への支援も必要です。

> まとめ
> ・食べないからといって無理に食事を勧めるようなことはしないように、家族、介護者に状況を伝えます。
> ・解決できる原因があるのか、ない場合はどのようなものを工夫すれば少しでも食事を楽しめるのかを本人、家族、介護者で考え、工夫するようにします。

04 便秘

POINT
高齢者は腸の動きが弱くなり、筋力が落ちているため腹圧をかけられないなどの要因から、便秘になりやすくなっています。

便秘の原因と対応

　高齢者の場合、食が細くなる、体内の水分量の減少、腸の動きの悪化などによって便秘の人が多くいます。さらに寝たきりの状態の場合、重力がかからないため腸の反応が起きにくくなっています。他にも、副作用として便秘を引き起こす薬剤もあります。

　高齢者の場合は、排便の有無の確認が必要です。

　便秘をしていると食欲が低下するだけでなく、認知症の場合などは不穏状態になるなど、さまざまな問題が発生します。

　便秘を予防するためには食事、運動、腹部マッサージなどの方法がありますが、これらを行っても便秘を予防できない場合には下剤などを使用します。

　排便の薬には、経口薬の下剤、坐薬、浣腸薬がありますが、浣腸薬は血圧の低下をもたらすこともあるため、医師の指示が必要になります。

　経口薬は市販されていますが、服薬回数など利用者の状況によって判断しなければならないこともあるため、医師に相談したほうが安全であることを伝え、速やかに相談するようにしましょう。これらの薬剤でも排便困難な場合には、摘便を行うこともあります。

　また、排便習慣も大切です。身体を起こして大腸に重力を加えられるような体位とし、毎日朝食後などにトイレに行く、便器をあてるなどの習慣をつけると、反射として便意が生じることもあります。

ケア上のポイント

- 便秘の予防、改善のために、生活習慣を改善する必要があります。食事習慣として、以下の内容を取り入れるようにしましょう。
    - 食事は1日3回規則正しく食べる
    - 水分、食物繊維を十分にとる
    - 食事量を確保し、食事には適度の油を取り入れる
    - 適度の酸味や香辛料で腸を刺激する
- 体操、マッサージなども行いましょう。無理のない範囲で腹筋を鍛えるため、臥位で膝を抱える運動、座位で下肢を持ち上げる運動などを取り入れましょう。
- マッサージは、大腸の走行に沿って、へそから「の」の字を書くように、優しくお腹をマッサージし、次にS状結腸の部分を優しく押します（図表3-4）。
- 本人だけでなく、家族や介護者と情報共有し、実施しましょう。

図表3-4 お腹の「の」の字マッサージ

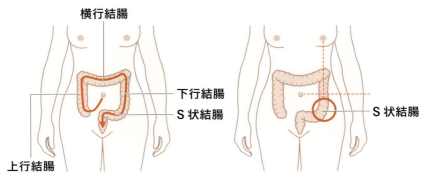

まずは「の」の字にマッサージ　　次にS状結腸を押す

- 認知症高齢者は、便秘をしていて食欲がなくても伝えてくれないことがあります。排便の有無を必ず確認しましょう。

まとめ

05 嘔吐

POINT
嘔吐には、1回の嘔吐で吐き気がおさまる軽症なものから、さまざまな原因により繰り返し嘔吐する重篤なものがあります。

嘔吐の原因と対応

　吐物の量、特性（血液が混ざっているか）などにより、対応が異なるため、利用者が嘔吐した時には必ずマスク、手袋をつけて、吐物を確認します。

　嘔吐後の利用者の様子を確認します。嘔吐した後もまだ吐き気が続いているか、腹痛があるか、意識がはっきりしているか、頭痛や発熱はないかなどのバイタルサインも確認します。嘔吐を引き起こす主な疾患は、以下のとおりです。

　ノロウイルス感染症など：原因のはっきりしない嘔吐の場合は、感染症の可能性を考える必要があります。医療者に連絡を取って対応を聞き、家族にもマスク、手袋を着用してもらいます。

　胃腸障害：胃潰瘍などによる嘔吐では、吐物の中に血が混じっていることがありますので、このような時は医療者に早急に連絡をして指示を得る必要があります。吐物の中の血液の量によって、対応が異なります。

　腎不全や肝不全、心筋梗塞など：強い胸の痛みと嘔吐がみられたら、心筋梗塞の疑いがあるので、救急対応が必要になります。全身倦怠感や食欲不振の症状がある利用者が嘔吐した場合は、腎不全や肝不全の可能性があります。速やかに医療者に連絡し、指示を得るようにします。

　脳出血などで、脳の中の圧力が高くなった時：激しい頭痛を伴って嘔吐した場合は、救急受診しましょう。

　また、嘔吐には、中枢性嘔吐と末梢性嘔吐の2種類があります（図表3-5）。

図表 3-5 嘔吐の種類別の特徴

中枢性嘔吐	脳内の嘔吐中枢が刺激を受けて起こる嘔吐	脳の病気によって脳圧が高くなった時、メニエール病や乗り物酔いなど内耳に刺激を受けた時、抗がん剤やアルコールなどの薬の影響、ホルモン・電解質の異常、腎臓病の時など
末梢性嘔吐	末梢で生じた刺激や内臓の反射によって起こる嘔吐	消化器疾患や肝臓・胆嚢の病気、または腎臓や婦人科系・泌尿器系の病気の時など

ケア上のポイント

- 利用者が嘔吐したり吐き気を訴えた場合には、衣類のベルトなどをゆるめ、楽な姿勢にして背中などをさすります。
- 胃腸障害やノロウイルス感染症で下痢などを伴う嘔吐の場合は、脱水の心配があります。経口的に水分の摂取ができないことが多いため、嘔吐や下痢が続く場合には、点滴による輸液が必要です。医療者に連絡し、指示をもらいます。
- 嘔吐がある場合、吐物が気管に入り誤嚥性肺炎や窒息を引き起こす危険があります。利用者を側臥位にし、吐物の逆流を防ぎます。
- 口の中に吐物が残っていると、そのにおいなどでさらなる嘔吐を引き起こします。可能ならうがいをして、口の中をスッキリさせます。
- ノロウイルスなどの感染性の胃腸炎による嘔吐や下痢がある場合には、排泄物の処置には決められた手順が必要です（88ページ参照）。

- 嘔吐は、さまざまな疾患が原因で生じる症状です。嘔吐が続くような時や、他の症状（頭痛、下痢、発熱、胸の痛み）などを合併しているような時は緊急性がある場合もあります。
- 普段と比べると様子が変だ、具合が悪そうだと思ったら、速やかに医療者に連絡し、指示を得る必要があることを、本人や家族、介護者に日ごろから伝えておきましょう。

まとめ

06 不眠（睡眠障害）

> **POINT**
> 体力の低下のため昼間の活動量が減るだけでなく、日中に昼寝をしてしまうなどの要因で夜間の質のよい睡眠が確保しにくくなります。

不眠の原因と対応

　加齢に伴う身体の変化によって不眠は始まります。

　睡眠のリズムや質が変わるだけでなく、夜間の排尿回数の増加、昼間の活動性の低下や運動不足の一方で、習慣的に昼寝する人も多くいます。これにより、体内時計にくるいが生じ、不眠傾向が増加し、60歳以上の3人に1人が不眠症を訴えています。

　起床時にすっきりと目覚め、昼間の活動がきちんとおくれれば問題はありませんが、高齢者が長期間の不眠状態にあると昼夜が逆転し、昼間はますます眠くなります。

　このようなことから、転倒の危険性が増し、さらに認知機能の低下やうつ傾向など、さまざまな病気を引き起こしてしまいます。

　睡眠障害には、図表3-6のような3つのパターンがあります。

図表3-6 睡眠障害のパターン

入眠障害	寝つくまでに時間のかかるタイプ。このタイプは若年者によくみられる
浅眠、熟眠障害	いつもどおりに寝たのに、眠りが浅く夜間に何度も目が覚めてしまうタイプ。夜間何度もトイレに行くなど、高齢者に多いタイプ
早朝覚醒	高齢者に多いタイプで、早朝に覚醒し、再度寝ようとしてもなかなか眠ることのできないタイプ

ケア上のポイント

　不眠の訴えがあると、睡眠導入薬や睡眠薬が処方されますが、まずは、自然な眠りを確保するようにと、厚生労働省 精神神経疾患研究委託費「睡眠障害の診断・治療ガイドライン作成とその実証的研究班」の研究報告書で、以下の11項目の指針が示されています。この内容を頭に入れて、利用者に対応しましょう。

①睡眠時間は人それぞれ、日中の眠気で困らなければ十分
②刺激物を避け、眠る前には自分なりのリラックス法
③眠たくなってから床に就く、就床時刻にこだわりすぎない
④同じ時刻に毎日起床、光の利用でよい睡眠
⑤規則正しい3度の食事、規則的な運動習慣
⑥昼寝をするなら、15時前の20〜30分
⑦眠りが浅い時は、むしろ積極的に遅そ寝・早起きに
⑧激しいイビキ・呼吸停止や足のピクつき・むずむず感は要注意
⑨十分眠っても日中の眠気が強い時は専門医に
⑩睡眠薬代わりの寝酒は不眠のもと
⑪睡眠薬は医師の指示で正しく使えば安全

　上記の方法を試みながら、あまりにつらいようなら医療者に相談するようにしましょう。

まとめ
・不眠は心身ともに大きな問題をもたらしますが、まずは原因を探り、取り除くようにします。それでも改善がみられない場合は、薬だけに頼らず、できることをするように指導しましょう。
・また、「○○時には寝なければならない」などと考えず、もっと自由でいいということも伝えましょう。

07 むくみ（足のむくみ）

> **POINT**
> 下肢のむくみは高齢者によくみられる症状です。心配な症状が長く続く時は医師に相談をしましょう。

むくみの原因と対応

　足のむくみは、足まで下りてきた血液を心臓まで戻す力が弱まることによる末梢の血液循環の障害によって起こる他、心臓・腎臓・肝臓の機能の悪化が原因でのこともあります。

　末梢の血液循環の障害によるむくみは、運動不足や加齢に伴い筋肉が減少し、血液をふくらはぎから心臓へ戻すポンプ機能が低下することや、低栄養に伴って細胞内の水分が増加し、重力によってその水分が足にたまってしまう、などの場合に多くみられます。

　心臓や腎臓、肝臓の障害が原因の場合は、足のむくみのほかに肺の中、腹腔内などにも水がたまります。

　心臓病、肝臓病、腎臓病などによるむくみは、全身の倦怠感や尿の異常、息苦しさなどを伴います。

　末梢の血液循環障害によるむくみへの対応として、足のむくみの場合は、医師への診察によって利尿薬の服用や下肢の循環を助ける弾性ストッキングなどの利用を勧められます。日常では予防と対応が必要になります。

　心臓や腎臓・肝臓の疾患によるむくみへの対応として、原因となる疾患の治療（医師に処方されている薬物をしっかり服用しているか、食事療法の指示が出ている場合には守られているか）を確認します。

07 むくみ（足のむくみ）

ケア上のポイント

- むくんだ足の指の間や足首にできたシワなど、皮膚と皮膚が密着しているところは汚れがたまりやすく、すぐ炎症を起こしてしまいます。さらに、むくみのある皮膚は皮膚内の循環が希薄なため、傷が治りにくい状態にあります。
- 足のケアはとても大切になります。日ごろから足の皮膚を傷つけないようにします。
- 足のむくみは、日常生活の中でのちょっとした工夫で予防や悪化を防ぐことができます。以下のようなケアが大切なことを、本人や家族、介護者に理解してもらい、少しずつでも実行を促しましょう。

- 入浴や足浴の際に皮膚や関節のマッサージを行い、血液の循環を促す
- 入浴後は、皮膚が接触している部位を広げ、丁寧に拭き水分を取り除く
- 心臓よりも高い位置に足の高さがくるよう、臥床時には足の下にクッションなどを入れる
- いすに座っている時には、別のいすに足を乗せて伸ばす、和室で座る時には、足への圧迫を防ぐため、足を伸ばした座位にする
- 可能な範囲でレクリエーションを取り入れ、身体を動かしてもらう
- 圧が強めの靴下などを着用してもらい、むくみを減らす

- 心臓、腎臓、肝臓の疾患が原因のむくみの場合は、医師の指示どおり服薬しているか、塩分や水分摂取制限が守られているかを確認し、日々のむくみの状況を観察し、受診時には医師に報告するように本人・家族に伝えておきましょう。

まとめ

- むくみは、心臓、腎臓、肝臓などの症状ではありますが、加齢に伴って誰にでも起こりうるものです。
- 医師の診断を受けたうえで、日常のケアを続けることが必要です。

08 意識障害

> **POINT**
> 危険な状況の前触れのこともあります。ボーっとしているなど「何か変」と感じた場合は、適切に医療者に連絡するようにしましょう。

意識障害の原因と対応

　意識障害は、低血糖や終末期に徐々に血圧が下がって起こることもありますが、広範囲の脳出血や重大な不整脈、てんかんや一過性の脳虚血で生じることもあります。

　意識が徐々に混濁したのか、急激に現れたのかを把握する必要があります。

　てんかんや一過性脳虚血発作などはすぐに意識を回復しますが、脳出血などの場合はそのまま意識が喪失し、心臓が停止することもあります。

　利用者の既往歴を知り、てんかんなどがある場合は意識障害の起こる可能性を常に意識しておく必要があります。

　そのような既往歴がなく、突然に意識障害が現れた場合は、速やかに救急要請が必要になります。

　また、肝機能や腎機能が低下している高齢者の場合、日ごろ服薬している薬の排泄がうまくいかず、体内の薬の濃度が高くなりすぎることで意識障害を招くことがあることも覚えておきましょう。

　意識障害の程度を数値化するものとして、ジャパンコーマスケール（JCS）やグラスゴーコーマスケール（GCS）があります。「何か変だ」と感じた場合はすぐに医師に報告が必要ですが、「何が」「どう変だ」と感じるかを伝える際には、図表3-7のようなスケールに当てはめると、客観的に状況を伝えることができます。

図表3-7 ジャパンコーマスケール（JCS）

Ⅰ．刺激しなくても覚醒している
1. だいたい意識清明だが、今ひとつはっきりしない
2. 見当識障害がある
3. 自分の名前、生年月日が言えない
Ⅱ．刺激すると覚醒する状態、刺激を止めると眠り込む
10. 普通の呼びかけで容易に開眼する
20. 大きな声や揺さぶりで開眼
30. 痛み刺激を加えつつ呼びかけるとかろうじて開眼
Ⅲ．刺激しても覚醒しない
100. 痛み刺激に対して、払いのけるような動作をする
200. 痛み刺激で少し手足を動かしたり、顔をしかめる
300. 痛み刺激に反応しない

（数字が大きくなるほど重症）

ケア上のポイント

●意識障害はさまざまな原因によって起こり、時に危険な場合もあります。「何か変」と感じた場合は、ジャパンコーマスケールなどの数字や言葉を使ってなるべく具体的に医療者に情報を提供することが望まれます。家族や介護に携わっている人には意識障害を理解してもらい、適切に行動できるように指導しておきましょう。

●意識が障害している間は、その状態によっては心臓が停止したり、呼吸状態が悪化する可能性もあります。心拍、呼吸の状態を観察し、必要時には蘇生行動がとれるようにする必要もあります。

・意識障害が生じた場合は、バイタルサインを確認後に速やかに医療者に連絡します。また、意識が急に消失した時には、救急受診が必要になります。
・あわてず対応できるように、家族や介護者は予行演習をしておくなど、十分な理解や注意を促しておきましょう。

高齢者がよく飲む薬と副作用

4

CONTENTS

- 01 薬と観察のポイント
- 02 降圧薬－高血圧の薬
- 03 血栓を予防する薬－脳梗塞、心筋梗塞など
- 04 呼吸器系の病気の薬
- 05 消化性潰瘍（胃・十二指腸潰瘍）の薬
- 06 下剤
- 07 糖尿病治療薬
- 08 脂質異常症治療薬
- 09 認知症の薬
- 10 抗うつ薬
- 11 抗不安薬・睡眠薬

01 薬と観察のポイント

> **POINT**
> 「薬の管理・使用に関する情報」と「症状の変化に関する情報」を医師や薬剤師と共有しましょう。

医師、薬剤師との情報共有

　2018年度介護報酬改定で、ケアマネジャーに対し、利用者の服薬状況、口腔機能や心身、生活の状況に関する情報のうち必要と認めるものを、利用者の同意を得て医師や歯科医師、薬剤師に提供することが義務づけられました。薬に関して必要とされるのは、主に「薬の管理・使用に関する情報」と「症状の変化に関する情報」の２つです。

　薬の管理・使用の情報とは、薬が大量に余っている、複数回分の薬を一度に服用している、薬の服用を拒絶しているといったことです。たとえば、朝、昼、夕食後の３回の服用指示が出ているものの、本人が朝、夕しか食事をとらないという場合、食後でない時間帯に服薬すれば適切な効果が得られない、副作用が現れやすくなるといったリスクが生じますし、食事に合わせて服用回数を減らしていれば十分な効果が出ない可能性もあります。適正に薬を使用・管理できているかは、治療や心身状態にも影響を及ぼす重要なポイントなのです。

何をチェックすべきか

　症状の変化に関する情報は、薬の効果が十分に得られているか、副作用が出ていないかを、医師や薬剤師が確認するうえで欠かせないものです。ほとんどの高齢者は薬を使用し、その薬剤数は若い世代に比べて多い傾向にありますが、一般

的に薬剤数や服用期間が積み重なるほど、副作用が現れるリスクも高くなります。さらに高齢者は身体機能の変化から、薬の作用が強く出過ぎたり副作用が出現しやすいのも特徴で、薬の使用後の様子をより慎重に観察することが求められます。

ただ医師や薬剤師でも、その症状だけをみて「これはAという薬の副作用だ」と断定できることは多くはありません。病状悪化が原因という場合もありますし、薬が原因としてもどの薬に由来しているのか、複数の薬が影響し合って発生しているのかなど、さまざまな可能性が考えられるからです。ですから、何か"変化"があった場合は、原因を決めつけず、医師、薬剤師に状況を伝えましょう。

図表4-1は、薬の使用時にチェックしたいポイントです。大半はアセスメント項目と重なっていますので、「最近、食事量が低下している」「ぼんやりしていることが増えた」などの変化があれば、情報を伝えます。個々の薬の主な副作用を把握しておきたい場合は、事前に医師や薬剤師に確認するか、利用者から薬と一緒に渡される薬剤情報提供書をみせてもらうといいでしょう。

利用者や家族は医師や薬剤師の前では遠慮したり、薬や病気との関連性に気づかず、症状や問題があっても伝えないこともあります。自宅に訪問し、日ごろから生活の様子をみている介護職やケアマネジャーだからこそ気づく変化は少なくありません。そして、それらは治療方針を決定するための貴重な情報なのです。

図表4-1 チェックしたい日常の変化

- 本人や家族の発言：「最近、疲れやすい」「怒りっぽくなった」などの本人や家族からの心身状態に関する言葉
- 食事：食欲がない、食事量が減った、むせるなど
- 排泄：排尿回数や量、夜間排尿回数、排便回数や形態・色など
- 睡眠：睡眠の満足感、寝つきの様子、夜中に目が覚める回数、日中の眠気など
- 歩行・移動：ふらつきや転倒、立ち上がりや歩行などの動作状況など
- 認知機能：話の理解や受け答え、年月日など見当識、周囲の人とのかかわりなど
- 薬の管理・服用：薬の使用時間・用量、薬の管理や残薬の状況など

まとめ

・利用者の生活をみているからこそわかる生活や心身の変化が、薬の副作用の発見・対応や治療方針決定につながります。

02 降圧薬-高血圧の薬

> **POINT**
> 血圧を下げる薬には、「体内をめぐる血液の量を減らす薬」と「血管を広げる薬」があります。

薬の特徴

　降圧薬は、高血圧の人に対して血圧を下げることで血管への負担を減らす薬です。脳卒中や心筋梗塞、心不全などの発症を防ぐ目的で使用するため、長く服用することが多い薬です。ただし、薬だけに頼るのではなく、生活習慣の改善を合わせて行うことが必要とされます。

　また肥満、特に内臓脂肪型肥満は、塩分の過剰摂取とならんで高血圧のリスク因子となります。さらに高血圧と、糖尿病、脂質異常症、肥満、メタボリックシンドロームなどが重なることで動脈硬化は一層進みやすくなり、脳卒中や心筋梗塞などのリスクも高まります。他の生活習慣病の予防・治療なども合わせて行うことが大切です。

薬の種類

　降圧薬は、血管にかかる圧力を減らすために、①血管内を流れる血液の量（血流量）を減らす薬と、②血管を拡張する薬に大きく分けられます。①には、体内の水分の排泄を促して血液量を減らす「利尿薬」や、心臓から送り出される血液の量を減らす「β遮断薬」などがあります。一方、②には、「カルシウム（Ca）拮抗薬」「アンジオテンシン変換酵素（ACE）阻害薬」「アンジオテンシンⅡ受容体拮抗薬（ARB）」などがあります（図表4-2）。

図表4-2 主な降圧薬

薬のタイプ	主な成分名（主な商品名）
●血管を拡張する薬	
カルシウム（Ca）拮抗薬	アムロジピン（ノルバスク、アムロジン）、ニフェジピン（アダラート、セパミット、カサンミル）、アゼルニジピン（カルブロック）
アンジオテンシン変換酵素（ACE）阻害薬	エナラプリル（レニベース、エナラート、スパシオール）、イミダプリル（タナトリル）、リシノプリル（ロンゲス、ゼストリル）
アンジオテンシンⅡ受容体拮抗薬（ARB）	オルメサルタン（オルメテック）、カンデサルタン（プロプレス）、テルミサルタン（ミカルディス）、イルベサルタン（イルベタン、アバプロ）
●血流量を減らす薬	
利尿薬	トリクロルメチアジド（フルイトラン、クバクロン）、スピロノラクトン（アルダクトンA、ノイダブル）、ヒドロクロロチアジド（ヒドロクロロチアジド「トーワ」）
ベータ（β）遮断薬	アテノロール（テノーミン、アルセノール）、ビソプロロール（メインテート、ウェルビー）
●配合剤	
ARB＋利尿薬	ロサルタン＋ヒドロクロロチアジド（プレミネント、ロサルヒド配合錠）、バルサルタン＋ヒドロクロロチアジド（コディオ、バルヒディオ）
ARB＋Ca拮抗薬	バルサルタン＋アムロジピン（エックスフォージ、アムバロ）、オルメサルタン＋アゼルニジピン（レザルタス）
ARB＋Ca拮抗薬＋利尿薬	テルミサルタン＋アムロジピン＋ヒドロクロロチアジド（ミカトリオ）

　治療では、タイプの違う降圧薬を2剤以上組み合わせて使用することも多く、そのために「ARBと利尿薬」「ARBとCa拮抗薬」といったように、2剤以上を組み合わせて一つの薬にした配合剤もあります。

使用上の注意

　身体のリズムにより、血圧は1日の中で変動します。早朝に上昇することが多いため朝食後の服用が多い薬ですが、薬の種類や、その人の血圧上昇のパターン、生活リズムなどによって服用が異なる場合もあります。
　Ca拮抗薬の服用中は、作用を増強させる恐れのあるグレープフルーツのジュースや果肉を摂取することをなるべく控えます。また、グレープフルーツと種が近い文旦（ザボン）、スウィーティー、ダイダイなどの摂取もできれば控えたほうがよいでしょう。

Ca拮抗薬は急に服用を中止すると、反動で症状が悪化することがあるため、自己判断での中止は避けます。医師の指示のもと、様子をみながら減量していく必要があります。

主な副作用（【　　】内は原因となる薬剤）

- めまい、立ちくらみ、頭痛、動悸、むくみなど【Ca拮抗薬、ACE阻害薬、ARB、β遮断薬など】

　高齢者ではめまいや立ちくらみなどが、転倒につながることもあるので要注意です。高いところでの作業や自動車の運転などをする場合は、めまいなどが事故につながる危険もあるため、特に注意が必要です。

- 空咳【ACE阻害薬】

　咳を利用し、嚥下機能が低下している人に誤嚥性肺炎予防のため使うこともあります。

- 脈が遅くなる（徐脈）、ぜんそく症状の悪化など【β遮断薬】
- めまい、ふらつき、脱水、だるさ、発疹、筋肉のけいれんなど【利尿薬】

　高齢者ではめまいや立ちくらみなどが、転倒につながることもあるので要注意です。

　夜間のトイレ回数が増え、睡眠などに影響する場合は医師や薬剤師などに相談をしてください。

　また、服用中は脱水症状に注意しましょう。

> ・高齢者では血圧を下げる作用が強すぎると、転倒などにつながるため、めまいや立ちくらみなどの症状に注意します。
> ・利尿薬は夜間のトイレ回数に影響することもあります。

降圧薬と狭心症の薬

COLUMN 4

降圧薬のうち Ca 拮抗薬やβ遮断薬は、狭心症の治療にも用いられます。狭心症は、心臓の筋肉（心筋）に酸素を与える冠動脈が狭くなるなどして血液の流れが低下し、心臓が働くために必要な酸素が不足して起こります（28 ページ参照）。

Ca 拮抗薬は血管を拡張する作用があるため、冠動脈を広げて血流を改善したり、全身の血管を拡張して抵抗を減らして心臓がより少ない力で血液を送り出せるように助けます。β遮断薬は全身の血管を広げる他、心臓の活動をペースダウンさせ負担を減らします。

狭心症の治療ではこれらの薬の他に、"ニトログリセリン"に代表される硝酸薬もよく使用されます（図表 4-3）。硝酸薬は、全身の血管（主に静脈）を拡張させることで心臓に戻る血液量を減らし、心臓の仕事量を軽減するとともに、冠動脈を広げます。

速効性の硝酸薬は、狭心症の発作時にも用いられます。すぐに効果が現れるように、飲んで消化管を通じて吸収させるのではなく、舌の下に錠剤を入れてそこから薬の成分を吸収させる舌下錠や、口の中に薬を噴霧するスプレーなどが使われます。発作予防のための持続性の硝酸薬では、飲み薬（内服薬）の他に、皮膚から少しずつ薬の成分を吸収させる貼り薬（テープ、パッチ）もあります。硝酸薬はずっと使用していると効きが悪くなるため、夜間は貼らないなど休薬時間を設けることもあります。

図表 4-3 狭心症の薬（硝酸薬）

薬のタイプ	主な成分名（主な商品名）
速効性硝酸薬	ニトログリセリン（ニトロペン / 舌下錠、ミオコール / スプレーなど）
持続性硝酸薬	ニトログリセリン（ミリステープ / テープ、ニトロダーム TTS/ テープ）、硝酸イソソルビド（ニトロール R/ カプセル、フランドルテープ / テープ）

高齢者がよく飲む薬と副作用

03 血栓を予防する薬
－脳梗塞、心筋梗塞など

> **POINT**
> 血液の塊（血栓）ができるのを防ぐ薬です。心筋梗塞や脳梗塞の再発予防によく使用されます。

薬の特徴

　血液の塊（血栓）ができて血管を詰まらせる病気（脳梗塞や心筋梗塞、静脈血栓塞栓症など）で、血栓が作られるのを防ぐ薬です。

薬の種類（図表4-4）

　動脈硬化で血管が詰まってしまうプロセスには、出血を止める血液成分である血小板がかかわっています。そのため、動脈硬化がかかわる狭心症の治療や心筋梗塞・脳梗塞の二次予防などには、血小板が集まって固まりになるのを防ぐ「抗血小板薬」が主に用いられます。

　一方、血液の流れが停滞することで血栓ができることもあります。

　心臓が細かく痙攣する心房細動では血栓ができやすくなり、その血栓が脳の血管に飛んで詰まらせ脳梗塞を引き起こすこともあります。

　また、足の静脈でも血液の流れが悪くなって血栓ができ、血管を詰まらせることもあります（静脈血栓塞栓症）。「抗凝固薬」は、主に心房細動がある人での脳卒中の予防や、静脈血栓塞栓症の予防や治療に適応があります。

03 血栓を予防する薬－脳梗塞、心筋梗塞など

図表4-4 血栓予防の薬

薬のタイプ		主な成分名（主な商品名）
抗血小板薬		アスピリン（バイアスピリン、バファリン）、チクロピジン（パナルジン、マイトジン）、クロピドグレル（プラビックス、コンプラビン）、プラスグレル（エフィエント）、シロスタゾール（プレタール、コートリズム）、サルポグレラート（アンプラーグ）
抗凝固薬	ワルファリン	ワルファリン（ワーファリン、ワルファリンK）
	直接経口抗凝固薬（DOAC）	ダビガトラン（プラザキサ）、エドキサバントシル（リクシアナ）、リバーロキサバン（イグザレルト）、アピキサバン（エリキュース）

使用上の注意

　過剰に服用すると出血リスクが高まるため、指示された用量・用法を守ることが大切です。アスピリンは鎮痛解熱薬としても使用しますが、血栓の予防では少量を服用するのがポイントです。

　ワルファリンなど経口抗凝固薬では、食べ物の影響を受けやすい薬があります。調理支援や配食サービスを検討する場合は、そうした食事上の注意点をチームで共有しましょう。

主な副作用

● 皮下出血、鼻血、貧血、かゆみ、吐き気など

　血尿や便潜血（便が黒っぽくなる）、眼底出血なども含めて出血がみられる場合、すぐに医師や薬剤師に連絡しましょう。

　手術や抜歯前には服用を中止する必要のある薬が多いため、事前に医療機関に服用薬を伝えておきます。

> まとめ
> ・出血しやすくなっていると疑われるサインがみられたら、医師などにすぐに連絡します。
> ・抗凝固薬では避けたほうがよい食物にも注意します。

04 呼吸器系の病気の薬

POINT
呼吸を楽にする気管支拡張薬や、炎症を抑える吸入ステロイド薬があります。

薬の特徴

　呼吸器系に作用する主な薬には、空気の通り道である気道を拡張し呼吸を楽にする気管支拡張薬や、気道の炎症を抑える吸入ステロイド薬（ICS）などがあります。

　呼吸器系の病気では、気管支喘息や慢性閉塞性肺疾患（COPD）、咳喘息などがありますが、それぞれの病気の特徴に応じてこれらの薬が使用されます。

　気管支喘息では慢性的な炎症が続いているために、気道を狭めたり広げたりする柔軟性が低下した状態にあります。刺激にも敏感になり、アレルゲンなどにさらされると気道が閉塞して喘息発作を起こし、呼吸困難に陥ります。

　そのため、炎症を鎮める吸入ステロイド薬や、気道を広げる気管支拡張薬などが治療に用いられます。抗アレルギー薬を併用することもあります。

　COPDは、たばこの煙など有害物質を長期間吸入していたことで肺に炎症が起きて発症します。

　身体を動かすと呼吸が苦しくなるため、症状を和らげるために気管支拡張薬が使われます。薬物治療とともに、禁煙や呼吸リハビリテーションなどを併行することも大切です（図表4-5）。

図表4-5 COPDの症状と管理方法

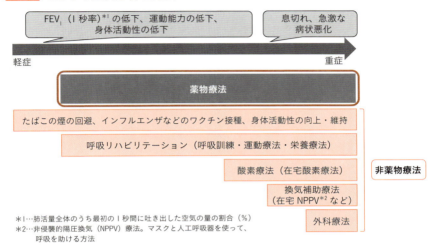

*1…肺活量全体のうち最初の1秒間に吐き出した空気の量の割合（％）
*2…非侵襲的陽圧換気（NPPV）療法。マスクと人工呼吸器を使って、呼吸を助ける方法

資料：日本呼吸器学会COPDガイドライン第5版作製委員会編「COPD診断と治療のためのガイドライン2018」をもとに作成

薬の種類

　気管支拡張薬は、$β_2$刺激薬、テオフィリン薬、抗コリン薬に分けられます。これらの薬の作用メカニズムの違いは難しいのでここでは触れませんが、内服薬の他、薬を口から吸い込んで使う吸入薬、貼り薬などさまざまな剤形があります。また、作用が長く続く長時間作用性の$β_2$刺激薬（LABA）や抗コリン薬（LAMA）を定期的な症状管理に、速やかに効果が現れ作用時間が短い短時間作用性の$β_2$刺激薬（SABA）を発作時に用いるなど、作用時間による使い分けもなされています。

　ステロイドは炎症を抑えます。内服薬もありますが、呼吸器系の病気では全身性の副作用の少ない、吸入ステロイド薬が主に使われます。

　吸入薬は、2種類の薬を組み合わせ一度に吸入できるようにした配合剤も作られています。症状の定期管理に用いる、長時間作用性の気管支拡張薬を2種類配合したものや、吸入ステロイド薬と長時間作用性の気管支拡張薬との配合剤があります（図表4-6）。

図表 4-6 呼吸器系の薬

薬のタイプ		主な成分名（主な商品名）
●気管支拡張薬		
β_2刺激薬	短時間作用性（SABA）	サルブタモール（ベネトリン、サルタノール）、フェノテロール（ベロテック、モンプルト）
	長時間作用性（LABA）	ツロブテロール（ホクナリン、ベラチン）、クレンブテロール（スピロペント）、ホルモテロール（オーキシス）
テオフィリン薬		テオフィリン（テオドール、テオロング、ユニフィル）、アミノフィリン（ネオフィリン、キョーフィリン）
抗コリン薬	短時間作用性（SAMA）	イプラトロピウム（アトロベント）
	長時間作用性（LAMA）	チオトロピウム（スピリーバ、スピオルト）、グリコピロニウム（シーブリ）、ウメクリジニウム（エンクラッセ）
●ステロイド		
吸入ステロイド薬		ベクロメタゾン（キュバール）、フルチカゾン（フルタイド）、ブデソニド（パルミコート）
●配合剤（吸入薬）		
気管支拡張薬2種類（LAMA＋LABA）		グリコピロニウム＋インダカテロール（ウルティブロ）、チオトロピウム＋オロダテロール（スピオルト）
気管支拡張薬と吸入ステロイド薬（LABA＋吸入ステロイド薬）		サルメテロール＋フルチカゾン（アドエア）、ホルモテロール＋ブデソニド（シムビコート）、ホルモテロール＋フルチカゾン（フルティフォーム）

使用上の注意

　気管支喘息では、発作時だけ使用する短時間作用性の気管支拡張薬が処方されることがあります。速効性はありますが、毎日使用することはできません。

　市販の風邪薬（咳症状に効くもの）にも、気管支拡張薬と似た成分が含まれています。一緒に使用すると、動悸や頭痛などの副作用が現れることがあります。

　吸入ステロイド薬は、定期的に使用し続けることで炎症を抑え症状を軽減する薬です。吸入薬には、薬液を噴霧して吸い込むタイプと、粉（ドライパウダー）を吸い込むタイプがあります。高齢者では、コツがつかめない、吸い込む力が弱く十分に薬を吸入できないといったこともあるため、そのような様子がみられたら医師や薬剤師に伝えます。

　貼り薬では、前の薬を必ずはがしてから新しい薬を貼ります。もったいないからといって古い薬をそのままにしておくと、かぶれたり、副作用が出る原因になる

こともあります。

　吸入薬の使用後は、のどに付着した薬の成分を取り除くためにうがいをします。そのままにしておくと、副作用の原因になることもあります。

主な副作用（【　　】内は原因となる薬剤）

①気管支拡張薬

- 動悸、脈が速くなる（頻脈）、頭痛など【$β_2$刺激薬、テオフィリン薬、抗コリン薬】

　高齢者では心臓に持病がある人も多いため、動悸や頻脈などの症状が出たら医師や薬剤師にすぐに報告をしましょう。

- 吐き気、震えなど【$β_2$刺激薬】
- 不眠、興奮など【テオフィリン薬】

　テオフィリン薬は他の薬や食事の影響を受けやすいため、副作用が疑われる症状がみられたらすぐに医師や薬剤師に伝えます。

- 口の中が渇く、尿が出にくいなど【抗コリン薬】

　高齢者では泌尿器の病気をもつ人も多いため、排尿困難には注意しましょう。

②ステロイド薬

- 口腔カンジダ症、しゃがれ声、のどの刺激感など【吸入ステロイド薬】

　吸入薬の使用後はのどについた薬の影響で上記の副作用が起こりやすくなるため、うがいをすることが大切です。

- 気管支拡張薬では動悸や頻脈などの副作用に注意します。
- 吸入薬ではうまく吸い込めているか、使い方の確認も必要です。
- 吸入薬の使用後は副作用防止のため、うがいが大切です。

05 消化性潰瘍（胃・十二指腸潰瘍）の薬

> **POINT**
> 胃酸の分泌など攻撃因子を抑える薬と消化管の粘膜保護など防御因子を強める薬があります。

薬の特徴

　消化性潰瘍（胃潰瘍・十二指腸潰瘍）は、消化管の粘膜を守る防御因子と、胃酸や消化酵素の分泌といった攻撃因子のバランスが崩れて起こります。治療では、胃酸の分泌を弱めるなど攻撃因子を抑制する薬と、粘膜を保護するなど防御因子を増強する薬が用いられます。

　最近は、プロトンポンプ阻害薬（PPI）など攻撃因子抑制薬の進歩が目覚ましく、胃酸を抑える効果も強力です。ただし、ヘリコバクター・ピロリ菌の感染があると、再発を繰り返し胃がんのリスクを高める原因にもなるため、抗菌薬を使ってピロリ菌を除去する治療も積極的に行われるようになりました。

　また、痛み止め（非ステロイド性消炎鎮痛薬：NSAIDs）や血栓の予防に使われる低用量アスピリンの服用も、消化性潰瘍の原因になることもあります。その予防のために消化性潰瘍治療薬がよく一緒に処方されます。

薬の種類（図表4-7）

　主な攻撃因子抑制薬には、胃酸の分泌を抑えるプロトンポンプ阻害薬（PPI）やH_2受容体拮抗薬（H_2ブロッカー）の他、胃酸を中和する制酸薬があります。主な防御因子増強薬には、粘膜を覆って保護する薬などがあります。

05 消化性潰瘍（胃・十二指腸潰瘍）の薬

図表4-7 消化性潰瘍の薬

薬のタイプ	主な成分名（主な商品名）
●攻撃因子抑制薬	
プロトンポンプ阻害薬（PPI）	オメプラゾール（オメプラール、オメプラゾン）、ランソプラゾール（タケプロン、タイプロトン）、ラベプラゾール（パリエット）、エソメプラゾール（ネキシウム）、ボノプラザン（タケキャブ）
H₂受容体拮抗薬（H₂ブロッカー）	ファモチジン（ガスター、ガスイサン）、ラニチジン（ザンタック）、シメチジン（タガメット、カイロック細粒）、ラフチジン（プロテカジン）
制酸薬	炭酸水素ナトリウム（重曹）、乾燥水酸化アルミニウムゲル（アルミゲル、エビサネート）、水酸化マグネシウム（ミルマグ、マーロックス）
●防御因子増強薬	
粘膜保護薬	スクラルファート（アルサルミン）、テプレノン（セルベックス、アンタゴスチン）、レバミピド（ムコスタ）

使用上の注意

　制酸薬は一部の抗菌薬の吸収を妨害します。そのため、一緒に使用する時は時間の間隔を空けるなどの工夫が必要です。攻撃因子抑制薬を使う場合、市販のH₂受容体拮抗薬などを服用していると作用が重なるため、市販薬を中止します。

主な副作用（【　　】内は原因となる薬剤）

- 頭痛、めまい、口の渇き、下痢・便秘、貧血など【PPI】
- 吐き気、下痢・便秘、発疹など【H₂受容体拮抗薬】
- 便秘、吐き気など【制酸薬】※水酸化マグネシウムは下痢、高マグネシウム血症（脈が遅くなる、手足に力が入らないなど）に注意しましょう。
- 便秘、下痢、吐き気など【粘膜保護薬】

まとめ
- 痛み止めなどと一緒に処方されることの多い薬です。
- 作用が重複しないように、市販の胃薬を服用していないか確認が必要です。

06 下剤

> **POINT**
> 便の量を増やして排泄を促す「機械的下剤」と、腸を刺激し運動を高める「刺激性下剤」があります。

薬の特徴

　便秘とは、「本来体外に排出すべき糞便を十分量かつ快適に排出できない状態」[注1]のことです。排便の回数や量が少ないことが必ずしも便秘というわけではありません。食生活の内容や運動不足、筋力低下などに加え、薬の副作用などが原因となることがあります。

　下剤はこれらの原因を取り除くものではないので、医療職と連携して生活面の改善など原因への対処を意識することも必要です。

薬の種類（図表4-8）

　下剤には、腸内の糞に含まれる水分を増やし柔らかくすることで量を増やし、物理的に排便を促す「機械的下剤」と、腸を刺激してその運動（蠕動）を高める「刺激性下剤」などがあります。飲み薬の他、浣腸や坐薬もよく使用されます。

使用上の注意

　下剤を使用すると脱水のリスクが増すため、水分を十分にとるようにします。坐

注1…「慢性便秘症診療ガイドライン2017」より

図表4-8 主な下剤

薬のタイプ	主な成分名（主な商品名）
●機械的下剤	
塩類下剤	酸化マグネシウム（マグミット、重カマ）、硫酸マグネシウム（硫酸マグネシウム）
膨張性下剤	カルメロース（バルコーゼ）
●刺激性下剤	
大腸刺激性下剤（生薬成分）	センナ（ヨーデルS、アローゼン、アジャストA）、センノシド（プルゼニド、センノサイド、センナリド）、ダイオウ（ダイオウ、セチロ）
大腸刺激性下剤（そのほか）	ピコスルファート（ラキソベロン、シンラック、スナイリン）
大腸刺激性下剤（坐薬）	炭酸水素ナトリウム・無水リン酸二水素ナトリウム（新レシカルボン）、ビサコジル（テレミンソフト）
●その他	
腸液の分泌を促進する薬	ルビプロストン（アミティーザ）
医療用麻薬による便秘に使用する薬	ナルデメジントシル（スインプロイク）
浣腸剤	グリセリン（グリセリン浣腸、ケンエーG浣腸）

薬は肛門から入れる薬で、飲み薬ではありません。生薬成分の大腸刺激性下剤では、尿が黄褐色や赤色になることがありますが、身体には影響はありません。

主な副作用（【　　】内は原因となる薬剤）

- 腹痛、下痢、お腹の張り、むかつきなど【大腸刺激性下剤】
- 低カリウム血症（筋肉痛、筋力低下、けいれん、脈の乱れなど）【センナ類】
- 高マグネシウム血症（吐き気、脈が遅くなる、筋力低下、意識がもうろうとするなど）【塩類下剤】

> **まとめ**
> ・食生活の改善など便秘の原因への対策も大切です。
> ・下剤の使用時は水分をとるようアドバイスしましょう。

07 糖尿病治療薬

POINT
糖尿病治療薬は、インスリン分泌の補充、促進、抵抗性の改善、その他の作用で血糖値を下げる薬です。

薬の特徴

　糖尿病は血液中の糖（血糖）の濃度が高い状態が続き、血管にダメージを与える病気で、長年かけてさまざまな合併症を引き起こします。
　膵臓（すいぞう）から分泌されるインスリンというホルモンは血液中の糖を取り込み、肝臓や脂肪などでの貯蓄や、筋肉などでのエネルギー利用を促し、食事で高くなった血糖値を下げる役割を果たしています。
　このインスリンの分泌量が不足したり、効き目が低下すると（インスリン抵抗性）、血糖が高い状態が続き糖尿病を発症します。
　そのため、糖尿病の治療ではインスリンの分泌を促す、補う、効き目を高める（インスリン抵抗性の改善）といった作用の薬が主に使われます。また、インスリンの作用とは別に、血糖を低下させる薬も用いられます。
　自己免疫疾患などで膵臓のインスリン分泌機能が失われて発症する1型糖尿病では、主にインスリンを注射で補う治療が行われます。一方、遺伝的要因に生活習慣が加わって発症する2型糖尿病では、食生活の見直しや運動の促進など生活習慣の改善とあわせて、主に飲み薬（経口血糖降下薬）での治療が勧められます。
　病状が進んでインスリン分泌が不足した場合や、疲れた膵臓などを休ませたい時などに、インスリン注射が使用されます。

薬の種類（図表4-9）

　近年の糖尿病治療薬の進歩は目覚ましく、さまざまなタイプの薬が登場しています。経口血糖降下薬は主にインスリンの分泌を促す薬と、それ以外の作用で血糖値を下げる薬に大きく分けられます。その他、インスリンそのものを注射（自己注射）して補い、血糖を低下させるインスリン製剤があります。

①インスリンの分泌を促す薬

- DPP-4阻害薬：血糖の高さに応じてインスリンの分泌を促し、血糖値を低下させます。
- スルホニル尿素（SU）類：血糖の高さに関係なく、インスリンの分泌を促し血糖値を低下させます。
- 速効型インスリン分泌促進薬：速やかにインスリンの分泌を促すタイプの薬です。
- GLP-1アナログ：注射剤ですが、DPP-4阻害薬と同様、血糖の高さに応じてインスリンの分泌を促します。自分で注射をします（自己注射）。

②インスリン分泌促進以外の作用で血糖値を下げる薬

- ビグアナイド（BG）類：肝臓に貯蓄された糖が血液中に放出されるのを抑えたり、血液中の糖を筋肉などに取り込ませるなどの作用で、血糖を低下させます。
- αグルコシダーゼ阻害薬（αGI）：消化管での糖の吸収を遅らせる作用があり、食後の急激な血糖上昇を防ぎます。
- チアゾリジン誘導体：インスリン抵抗性を改善し、インスリンの効き目を高めます。
- SGLT2阻害薬：腎臓で尿への糖の排泄を促します。

③インスリンを補う薬（インスリン製剤）

　インスリン製剤は、注射してインスリンを補充することで血糖を低下させます。効き目の早さ、作用の持続時間などが異なる製剤があり、タイミングや目的に応じて使い分けます。

図表4-9 糖尿病治療薬

薬のタイプ			主な成分名（主な商品名）
経口血糖降下薬	インスリン分泌を促進	DPP-4阻害薬	シタグリプチン（ジャヌビア、グラクティブ）、アログリプチン（ネシーナ）、ビルダグリプチン（エクア）、テネリグリプチン（テネリア）
		スルホニル尿素（SU）類	グリベンクラミド（オイグルコン、ダオニール、パミルコン）、グリメピリド（アマリール）
		速効型インスリン分泌促進薬	ナテグリニド（ファスティック、スターシス）、ミチグリニド（グルファスト）、レパグリニド（シュアポスト）
	インスリン分泌以外の作用	ビグアナイド（BG）類	メトホルミン（メトグルコ、グリコラン）
		αグルコシダーゼ阻害薬（αGI）	ボグリボース（ベイスン、ベグリラート）、ミグリトール（セイブル）、アカルボース（グルコバイ）
		チアゾリジン誘導体	ピオグリタゾン（アクトス）
		SGLT2阻害薬	イプラグリフロジン（スーグラ）、ダパグリフロジン（フォシーガ）、カナグリフロジン（カナグル）
注射剤	インスリン分泌を促進	GLP-1アナログ	リラグルチド（ビクトーザ）、エキセナチド（バイエッタ、ビデュリオン）、デュラグルチド（トルリシティ）
	インスリンを補充	インスリン製剤	【超速効型】インスリンアスパルト（ノボラピッド）インスリンリスプロ（ヒューマログ） 【速効型】インスリンヒト（ヒューマリンR） 【混合型】インスリンアスパルト二相性製剤（ノボラピッド30ミックス）、ヒト二相性イソフェンインスリン（イノレット30R） 【中間型】ヒトイソフェンインスリン水性懸濁（ノボリンN、ヒューマリンN） 【持効型】インスリングラルギン（ランタス）、インスリンデテミル（レベミル）、インスリンデグルデク（トレシーバ）

使用上の注意

　飲むタイミングが薬の効果に影響します。指示された服用時間、用量を守ることが大切です。食事をとらずに食後の薬を服用したり、2回分を1度に飲んだりしてはいけません。低血糖を起こすリスクが高くなります。利用者が指示通りに服用できていないようならば、医師や薬剤師に伝えましょう。

　BG類では脱水になると乳酸アシドーシス（「主な副作用」参照）を起こしやすくなるので、十分に水分を摂取します。

　αグルコシダーゼ阻害薬（αGI）は、食事開始と同時に服用する薬です。飲み忘れてしまった場合は、食事開始後15分以内に服用します。

インスリン製剤では、注射し忘れても 2 回分を 1 度に打ってはいけません。体調や食事量、運動量などで投与量を変えることがあります。冷蔵庫で保存します。

αGI、スルホニル尿素（SU）類、速効型インスリン分泌促進薬、インスリン製剤を使用している場合は、低血糖に備えて外出時は必ずブドウ糖など糖分を携帯します。αGI を服用している場合は、砂糖が吸収されないため、ブドウ糖でなければなりません。関係者で低血糖の症状を共有し注意することも大切です。

主な副作用（【　　】内は原因となる薬剤）

- 低血糖症状（空腹感、意識が遠のく、力が入らない、頭痛、冷や汗、動悸、手足の震えなど）

  高齢者の場合、上記のような典型的な低血糖症状が現れない場合もあります。受け答えがおかしい、ぼんやりしている、意識が混乱しているなどの症状があったら低血糖を疑い、ブドウ糖などを摂取させます。
- むくみ【インスリン製剤、チアゾリジン誘導体】
- 下痢、お腹の張り、むかつき、便秘【SU 類、ビグアナイド（BG）類、速効型インスリン分泌促進薬、αGI、DPP-4 阻害薬、GLP-1 アナログ】
- 乳酸アシドーシス（吐き気、筋肉痛、意識がもうろうとする、呼吸の変化、手足のふるえなど）【BG 類】
- 光過敏症（光が当たる部分の発赤、かゆみ）【SU 類】
- 尿路・性器感染（排尿時痛やかゆみ、トイレが近いなど）【SGLT2 阻害薬】

- ・利用者が用量、使用時間を守れているかを確認しましょう。
- ・低血糖の症状を関係者で共有し、外出時のブドウ糖などの携帯を徹底します。

08 脂質異常症治療薬

> **POINT**
> 血液中のコレステロールや中性脂肪に作用し、動脈硬化を予防することを目的とした薬です。

薬の特徴

　脂質異常症は、血液中の脂質である悪玉コレステロール（LDL-コレステロール：LDL-C）や中性脂肪（トリグリセライド：TG）が増加したり、また、善玉コレステロール（HDL-コレステロール：HDL-C）が少ない状態をいいます。

　それにより、動脈硬化が促され心筋梗塞などのリスクが高まるため、LDL-コレステロールやTGの低下、HDL-コレステロールの上昇を目的とした脂質異常症治療薬が開発されています。

薬の種類（図表4-10）

　作用メカニズムの異なる多様な薬があります。大きく分けると、主にLDL-コレステロールを低下させる薬と、主にTGを低下させHDL-コレステロールを上昇させる薬があります。

使用上の注意

　動脈硬化の予防が治療目的のため、長期に服用する薬です。生活習慣の改善を一緒に行うことが必要です。

08 脂質異常症治療薬

図表4-10 脂質異常症治療薬

薬のタイプ	主な成分名（主な商品名）
●主にLDL-コレステロール（LDL-C）を低下させる薬	
スタチン （HMG-CoA還元酵素阻害薬）	プラバスタチン（メバロチン、メバトルテ）、アトルバスタチン（リピトール）、ロスバスタチン（クレストール）
PCSK9阻害薬（※注射剤）	エボロクマブ（レパーサ）、アリロクマブ（プラルエント）
陰イオン交換樹脂（レジン）	コレスチラミン（クエストラン）、コレスチミド（コレバイン）
小腸コレステロールトランスポーター阻害薬	エゼチミブ（ゼチーア、アトーゼット）
プロブコール	プロブコール（シンレスタール、ロレルコ）
●主にトリグリセライド（TG）を低下、HDL-コレステロール（HDL-C）を上昇させる薬	
フィブラート系	ベザフィブラート（ベザトールSR、ベザリップなど）、フェノフィブラート（リピディル、トライコアなど）
多価不飽和脂肪酸	イコサペント酸（EPA）（エパデール、ソルミランなど） オメガ-3脂肪酸エチル：EPA・DHA含有（ロトリガ）
ニコチン酸系	トコフェロールニコチン酸（ユベラN、NE）、ニコモール（コレキサミン）

主な副作用（【　】内は原因となる薬剤）

- 便秘、おなかの張り、吐き気、下痢
- 顔面が赤くなる、頭痛、ほてりなど【ニコチン酸系】
- 胸苦しい、どきどきするなど【プロブコール】
- 歯茎からの出血、鼻血、あざができやすいなど【多価不飽和脂肪酸】
  心筋梗塞や脳梗塞後などで抗血栓薬を服用している人では要注意です。
- 肝機能障害（だるい、吐き気、白目や皮膚が黄色くなる、かゆみなど）
- 横紋筋融解症（力が入らない、筋肉痛、こむらがえり、尿が茶褐色になるなど）
  これらの症状がみられたら、すぐに医師や薬剤師に連絡することが必要です。

・あざなどの出血傾向、肝機能障害や横紋筋融解症が疑われる症状がみられたら、すぐに医師や薬剤師に連絡します。

09 認知症の薬

POINT
認知症の薬は、病状の進行を遅らせるためのものです。4種類の薬が使用されています。

薬の特徴

　認知症の薬は、病状を遅らせるためのものです。根本的な治療薬ではありません。そのため、薬物療法と非薬物療法を組み合わせて治療を行います。
　特にBPSDの症状では、その原因となる他の病気の有無、ケアや環境の適切性を検討し、非薬物療法をまず優先することが求められています。

薬の種類（図表4-11）

　現在、4種類の薬が発売されています。ドネペジルのみレビー小体型認知症にも適応がありますが、残り3種類はアルツハイマー型認知症のみの適応です。
　薬の作用メカニズムでみると、「コリンエステラーゼ（ChE）阻害薬」と「NMDA受容体拮抗薬」に分類されます。ChE阻害薬のうちリバスチグミンは貼り薬（パッチ剤）です。
　アルツハイマー型認知症では、神経のシグナルの伝達にかかわるアセチルコリンという物質が低下します。ChE阻害薬は、アセチルコリンを分解するコリンエステラーゼの働きを妨げる薬です。
　NMDA受容体拮抗薬は、記憶・学習機能の障害をもたらしているとされる、グルタミン酸という物質の過剰によるNMDA受容体への影響を妨げる薬です。

図表4-11　認知症の薬

薬のタイプ	主な成分名（主な商品名）
コリンエステラーゼ（ChE）阻害薬	ドネペジル（アリセプト）、ガランタミン（レミニール）、リバスチグミン（イクセロン、リバスタッチ）
NMDA受容体拮抗薬	メマンチン（メマリー）

使用上の注意

認知症の薬は、使用開始当初は少しずつ増量し、身体に慣らしながら標準的な用量にまで引き上げていきます。

パッチ剤のリバスチグミンでは、新しい薬を貼る際に、必ず古い薬をはがすようにします。もったいないからと、前の薬を貼ったまま次の薬を貼る人もいますが、薬の濃度が高くなり副作用のリスクを高めてしまいます。

主な副作用（【　　】内は原因となる薬剤）

- 吐き気、むかつき、下痢、興奮、頭痛、不眠、眠気、めまいなど

興奮や怒りっぽい、落ち着かないなどの症状が出た時は、介護者の負担増加につながる恐れがあるため、医師や薬剤師に相談しましょう。

眠気やめまいなどがみられる場合は、転倒などにつながる恐れがあるため、医師や薬剤師に伝えましょう。

- 皮膚のかぶれ【リバスチグミン】

かぶれを防ぐためには、その都度薬を貼る部位を変えると効果的です。

まとめ
- 興奮や眠気などの症状は、介護負担の増加や転倒などにつながる恐れがあるため、早めに医師や薬剤師に相談しましょう。
- リバスチグミンを新しく貼る時は、必ず古い薬をはがして貼り替えます。

10 抗うつ薬

> **POINT**
> 気分や感情の動きにかかわる神経伝達物質に働きかける薬です。特に医師や薬剤師との連携が求められる薬です。

薬の特徴

　抗うつ病薬では効果が現れるまで時間がかかったり、急に薬を中止しようとすると症状が悪化したりすることがあるため、医師や薬剤師との情報共有や連携が大切な薬です。

薬の種類（図表4-12）

　うつ病の薬は、気分や感情の動きにかかわる神経伝達物質に働きかける薬です。最近は、「選択的セロトニン再取込み阻害薬（SSRI）」「セロトニン・ノルアドレナリン再取込み阻害薬（SNRI）」「ノルアドレナリン作動性・特異的セロトニン作動性抗うつ薬（NaSSA）」など、治療のターゲットとする神経伝達物質に選択的に作用する比較的安全性の高い薬が登場し、広く使用されるようになっています。

使用上の注意

　抗うつ薬は、効果が現れ始めるまでに大体2〜4週間、症状の軽減までに4〜6週間ほどかかりますが、副作用は早期に現れる傾向があります。そのため、薬が効かないからといって、自己判断で増量してはいけません。
　症状が治まっても、その後数か月の服用が必要な薬です。急激に服用を中止す

図表4-12 抗うつ薬

薬のタイプ	主な成分名（主な商品名）
三環系抗うつ薬	クロミプラミン（アナフラニール）、ノリトリプチリン（ノリトレン）、イミプラミン（トフラニール、イミドール）
四環系抗うつ薬	マプロチリン（ルジオミール、マプロミール）、ミアンセリン（テトラミド）
選択的セロトニン再取込み阻害薬（SSRI）	セルトラリン（ジェイゾロフト）、エスシタロプラム（レクサプロ）、フルボキサミン（デプロメール、ルボックス）
セロトニン・ノルアドレナリン再取込み阻害薬（SNRI）	デュロキセチン（サインバルタ）、ミルナシプラン（トレドミン）、ベンラファキシン（イフェクサーSR）
ノルアドレナリン作動性・特異的セロトニン作動性抗うつ薬（NaSSA）	ミルタザピン（リフレックス、レメロン）
その他	トラゾドン（レスリン、デジレル）

ると、むかつき、不安、不眠、めまいなどの症状が反動で現れることがあるため、医師の指示のもと少しずつ薬を減らしていきます。

主な副作用（【　】内は原因となる薬剤）

- 口が渇く、便秘、排尿障害、せん妄、立ちくらみ、めまいなど【三環系抗うつ薬、四環系抗うつ薬（副作用は三環系に比べると少ない）】

　高齢者の場合、三環系抗うつ薬では認知機能低下、せん妄などの副作用が起きやすいため、様子がおかしい場合は、医師や薬剤師にすぐに伝えましょう。また、排尿障害も起きやすいので、排泄などの状況確認も大切です。

- 吐き気、むかつき、下痢、不眠、落ち着かない様子（焦燥感）など【SSRI、SNRI】
　投与初期に現れやすい吐き気や下痢などの多くは、次第に治まります。
- 頭痛、脈が速くなる、血圧の上昇【SNRI】
- 眠気、体重増加【NaSSA】

まとめ
・自己判断で急に服薬を中止すると症状が悪化するので、利用者が中止を希望する場合は必ず医師と相談するよう促します。

11 抗不安薬・睡眠薬

> **POINT**
> 抗不安薬、睡眠薬ではベンゾジアゼピン受容体作動薬が多く使用されます。
> 医師や薬剤師との情報共有が大切です。

薬の特徴

　抗不安薬と睡眠薬は、使用される症状は異なるものの、そのほとんどがベンゾジアゼピン（BZD）受容体作動薬という同じ作用メカニズムをもった薬です。それぞれの薬の作用の特性によって、抗不安薬、睡眠薬に使い分けられています。

　高齢になると眠りが浅くなり、また眠りに影響を与える疾患などを合併することも増えるため、睡眠薬を使用する高齢者は少なくありません。しかし、副作用が現れやすいうえ、使用し続けるうちに効果が弱くなったり（耐性）、急に中断すると症状が悪化する（離脱症状）などの症状が現れることがあり、医師や薬剤師と連携して情報を共有することが大切な薬です。

　不眠に関しては、うつ病やせん妄、むずむず脚（レストレスレッグ）症候群、かゆみの激しい皮膚疾患などの不眠の原因となる疾患や症状がないか、あるいはステロイドやパーキンソン病治療薬など、不眠を引き起こす薬剤を使用していないかなども検討し、あてはまるものがあれば、原因を取り除く対応をすることが優先されます。

　それらの原因がない場合に治療の対象となりますが、薬物療法だけではなく、起きる時間や就寝時間を規則正しくすること、朝の日光浴、軽い運動など、非薬物療法を先に、または薬物療法と一緒に実行することも重視されています。

11 抗不安薬・睡眠薬

図表4-13 主な抗不安薬・睡眠薬

薬のタイプ	主な成分名（主な商品名）
●抗不安薬	
ベンゾジアゼピン（BZD）系	【短時間型】エチゾラム（デパス、デゾラム）、【中間型】アルプラゾラム（コンスタン、ソラナックス）、ロラゼパム（ワイパックス）、【長時間型】ジアゼパム（セルシン、ホリゾン、ジアパックス）、オキサゾラム（セレナール）、クロルジアゼポキシド（コントール、バランス）、【超長時間型】ロフラゼプ酸（メイラックス、ジメトックス）、フルトプラゼパム（レスタス）
セロトニン1A部分作動薬	タンドスピロン（セディール）
●睡眠薬	
バルビツール酸系	アモバルビタール（イソミタール）、ペントバルビタール（ラボナ）
ベンゾジアゼピン（BZD）系	【超短時間型】トリアゾラム（ハルシオン、ハルラック）、【短時間型】ブロチゾラム（レンドルミン、ソレントミン）、【中間型】ニトラゼパム（ベンザリン、ネルボン）、フルニトラゼパム（サイレース、ロヒプノール）、【長時間型】クアゼパム（ドラール）、フルラゼパム（ダルメート）
非ベンゾジアゼピン系	【超短時間型】ゾルピデム（マイスリー）、ゾピクロン（アモバン、アモバンテス）、エスゾピクロン（ルネスタ）
メラトニン受容体作動薬	ラメルテオン（ロゼレム）
オレキシン受容体拮抗薬	スボレキサント（ベルソムラ）

薬の種類（図表4-13）

抗不安薬、睡眠薬ともに、BZD系の薬か、そうでないかで大きく分けられます。BZD系の薬は作用時間の長さで分類されます。

使用上の注意

BZD系睡眠薬は、早く服用しすぎるとその後したことの記憶が残っていない（健忘）などの副作用が現れることがあるため、就寝の直前に服用します。BZD系の薬の減量や中止をする時は、不安や不眠など離脱症状が現れないように少しずつ用量を調節することが必要です。そのため、自己判断で調整するのではなく、医師と相談しその指示のもと進めることが大切です。

抗不安薬、睡眠薬ともに、アルコールと一緒に服用すると効果が強くなりすぎたり副作用が現れやすくなったりするため、避けます。

最近、高齢者に対するBZD系睡眠薬・抗不安薬の使用への考え方が見直されて

きています。高齢者特有の身体特性や、持病や服用している薬の多さなどが、副作用やそれに伴うリスクとして現れやすいためです。

　BZD系睡眠薬・抗不安薬に対してより反応性が高くなるうえ、代謝や排泄に時間がかかるため、副作用が現れやすくなります。なかでも、認知機能の低下や転倒・骨折、日中のだるさやせん妄などのリスクがあることが指摘されています。長期間作用型の薬では特に作用が残りやすいため、使用を控えるよう推奨されています。非BZD系睡眠薬についても、転倒・骨折のリスクが報告されているため、短期間、少量の使用にとどめることが求められています。

主な副作用（【　　】内は原因となる薬剤）

- めまい、日中の眠気、だるさ
- ふらつき、力が入りにくい、記憶障害など
- 薬を急に中止した時の離脱症状（不安や不眠、手足の震え、興奮など）【BZD系抗不安薬・睡眠薬、非BZD系睡眠薬】

　これらの症状は高齢者では現れやすく、ふらつきや力が入りにくい（筋弛緩作用）などの副作用は転倒の原因になります。医師や薬剤師に情報を伝えましょう。

　記憶障害や離脱症状などの症状は、家族や関連職種とも共有しておきます。

- 眠気、めまい、むかつき、口の渇き、便秘など【セロトニン1A部分作動薬（抗不安薬）】
- 頭痛、吐き気、発熱、薬物依存など【バルビツール酸系睡眠薬】
- 便秘、吐き気、発疹など【メラトニン受容体作動薬】
- 疲労、うとうとする、頭痛【オレキシン受容体拮抗薬】

> **まとめ**
> - 高齢者ではふらつきや力が入りにくいなどの副作用は、転倒リスクを高めるため、そうした症状がある場合は医師や薬剤師に相談しましょう。
> - 記憶障害や離脱症状などの症状は、家族や関連職種とであらかじめ共有しておきましょう。

参考文献

①苛原実『ケアマネ必携！ 医療知識ハンドブック―高齢者の病気とくすり』中央法規出版，2013年
②日本在宅ケアアライアンス編，苛原実，太田秀樹監「私たちの街で最期まで―求められる在宅医療の姿」日本在宅ケアアライアンス，2017年
③浦部晶夫ら編『今日の治療薬2018』南江堂，2018年
④田中良子監・編『薬効別 服薬指導マニュアル第8版』じほう，2015年
⑤日本高血圧学会高血圧治療ガイドライン作成委員会編『高血圧治療ガイドライン2014』ライフサイエンス出版，2014年
⑥日本呼吸器学会COPDガイドライン第5版作成委員会編『COPD（慢性閉塞性肺疾患）診断と治療のためのガイドライン2018 第5版』日本呼吸器学会，2018年
⑦日本老年医学会，日本医療研究開発機構研究費・高齢者の薬物治療の安全性に関する研究研究班編『高齢者の安全な薬物療法ガイドライン2015』メジカルビュー社，2015年
⑧日本神経学会監『認知症疾患診療ガイドライン2017』医学書院，2017年

著者紹介

苟原　実
いらはら・みのる

はじめに、第1章、第2章、第3章

いらはら診療所院長、医学博士

1994年千葉県柏市で「いらはら整形外科」を開業。入院を嫌がる骨折患者への往診をきっかけに、思いがけず在宅医療の世界へ。1997年千葉県松戸市に在宅患者の入院病床を確保する目的で有床診療所「いらはら診療所」を開設。以降、県内で訪問看護、リハビリテーション、老人ホーム等の事業を展開しながら、訪問診療を続ける。在宅ケアを支える診療所・市民全国ネットワーク会長。
著書に『介護のための薬の事典』（ナツメ社）、『訪問医が見た男の介護・女の介護―夫婦の老後は「語らい」が決める』（洋泉社）、『あなたが始める小規模・多機能ホーム―複合サービス拠点の起業と運営』（雲母書房）、『ケアマネ必携！医療知識ハンドブック―高齢者の病気とくすり』（中央法規出版）、『在宅医療の技とこころシリーズ　骨・関節疾患の在宅医療』（南山堂）などほか多数。

利根川 恵子
とねがわ・けいこ

第4章

医療介護ジャーナリスト、薬剤師

東京医科歯科大学医療政策学修士。地域連携や医療制度などを中心に取材。専門は診療報酬や医療制度、薬学など。著書に、『福祉・介護職のための病院・医療のしくみ　まるわかりブック』（中央法規出版）など。

編集協力者

齋藤 淳子
さいとう・じゅんこ

いらはら診療所、ケアマネジャー

長谷川 千春
はせがわ・ちはる

いらはら診療所、ケアマネジャー

**だいじをギュッと！
ケアマネ実践力シリーズ**

医療知識
押さえておきたい疾患と薬

2019年3月20日　発行

著　者　苛原 実・利根川恵子
発行者　荘村明彦
発行所　中央法規出版株式会社
　　　　〒110-0016
　　　　東京都台東区台東3-29-1 中央法規ビル
　　　　営　業　TEL 03-3834-5817
　　　　　　　　FAX 03-3837-8037
　　　　書店窓口　TEL 03-3834-5815
　　　　　　　　FAX 03-3837-8035
　　　　編　集　TEL 03-3834-5812
　　　　　　　　FAX 03-3837-8032
　　　　https://www.chuohoki.co.jp/

装幀・本文デザイン　　　相馬敬徳（Rafters）
装幀・本文イラスト　　　三木謙次
本文イラスト　　　　　　イオジン
編集協力・DTP　エイド出版
印刷・製本　新津印刷株式会社
ISBN 978-4-8058-5851-6

定価はカバーに表示してあります。落丁・乱丁本はお取り替えいたします。
本書のコピー、スキャン、デジタル化等の無断複製は、
著作権法上の例外を除き禁じられています。
また、本書を代行業者等の第三者に依頼してコピー、スキャン、
デジタル化することは、たとえ個人や家庭内での利用であっても
著作権法違反です。